깃털이 좋을까..
그냥 포인대가
좋을까..

그린이 _ **최호철**

별명 사슴. 육식동물인 편집자들이 마감하라는 공격을 날리면, 초식동물인 사슴은 순진한 눈을 깜빡인다. 여러 기술 중 편지 보내기 기술은 최고다. 뭔가 난감한 일이 생기면(대부분 마감 실패다), 길고 긴 메일을 보낸다. 거짓말을 하지는 않지만 다양한 변명 기술에 넘어가면 당신의 마감은 미궁에 빠진다. 당연하겠지만 마감이 늦는 데는 다 이유가 있다. 눈으로 보지 않고, 자신이 느끼지 않으면 절대 그리지 못한다. 그래서 여행지에서 그린 이 그림들은 다른 마감보다 훨씬 더 수월했다. 어린이 만화로《태일이》가 있고, 작품집으로《을지로 순환선》이 있다. 2010년 여름 시즌에 놀러 가자는 박인하의 꼬임에도, 'Bicof 2010'에서 전시를 해야 한다며 꿋꿋이 버티는 중이다. 청강문화산업대학 만화 전공 교수.

글쓴이 _ **박인하**

"당신이 말하는 숫자는 무척 정확한 듯하지만, 사실은 틀려." 박인하에 대한 최호철의 일갈이다. 보통 숫자를 대며 최호철을 몰아가지만, 사실 자신도 무척 허술하다. 2002년 청강문화산업대학에 임용되어, 한 해 전 청강으로 자리를 옮긴 최호철과 동료 교수가 되었다. 하지만 남들 눈에는 철 지난 개그 듀엣 정도로 보인다. 한때 공동 수업도 진행했고, 최호철의 만화에 스토리를 쓰기도 했다. 이러저러한 인연으로 이번 책도 기획과 글을 맡았다. 현재 박인하는 밀린 프로젝트들과 힘겹게 전투 중이다. 만화 관련 여러 책이 있고, 여행 관련 책으로는《만화공화국 일본여행기》가 있다. 청강문화산업대학 만화 전공 교수.

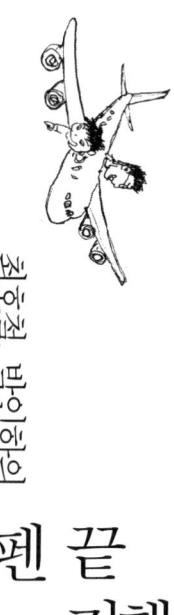

최호철, 박인하의

펜 끝 기행

design house

| 바람 타는 섬, | 최호철의 수첩 | 014 |
| 제주 | 자연과 삶이 만나는 섬 | 024 |

시공을 초월한	만화를 만나다	036
풍경, 일본	논과 밭 가운데 만화 박물관	040
	그래! 우리의 로망은 히어로야!	046
	그림으로 택시에서 구원을 외치다!	052
	젠장, 흡연 신칸센	056
	안녕! 미야자키 하야오 선생	060
	같지만 다른 그 도시 도쿄	066
	일본의 길	070
	또 도쿄	076
	인위적인, 너무나 인위적인	080
	산책의 도시	086
	산넨자카, 니넨자카 골목에서 길을 잃다	092

달콤하기 그지없는	베니스, 물의 도시에서의 추억	104
이탈리아	앤 공주의 로마, 그리고 나의 로마	110
그리고 스위스	세상에서 제일 멋진 남자들	118
	친퀘테레, 절벽 마을과 바다의 매력적인 만남	124

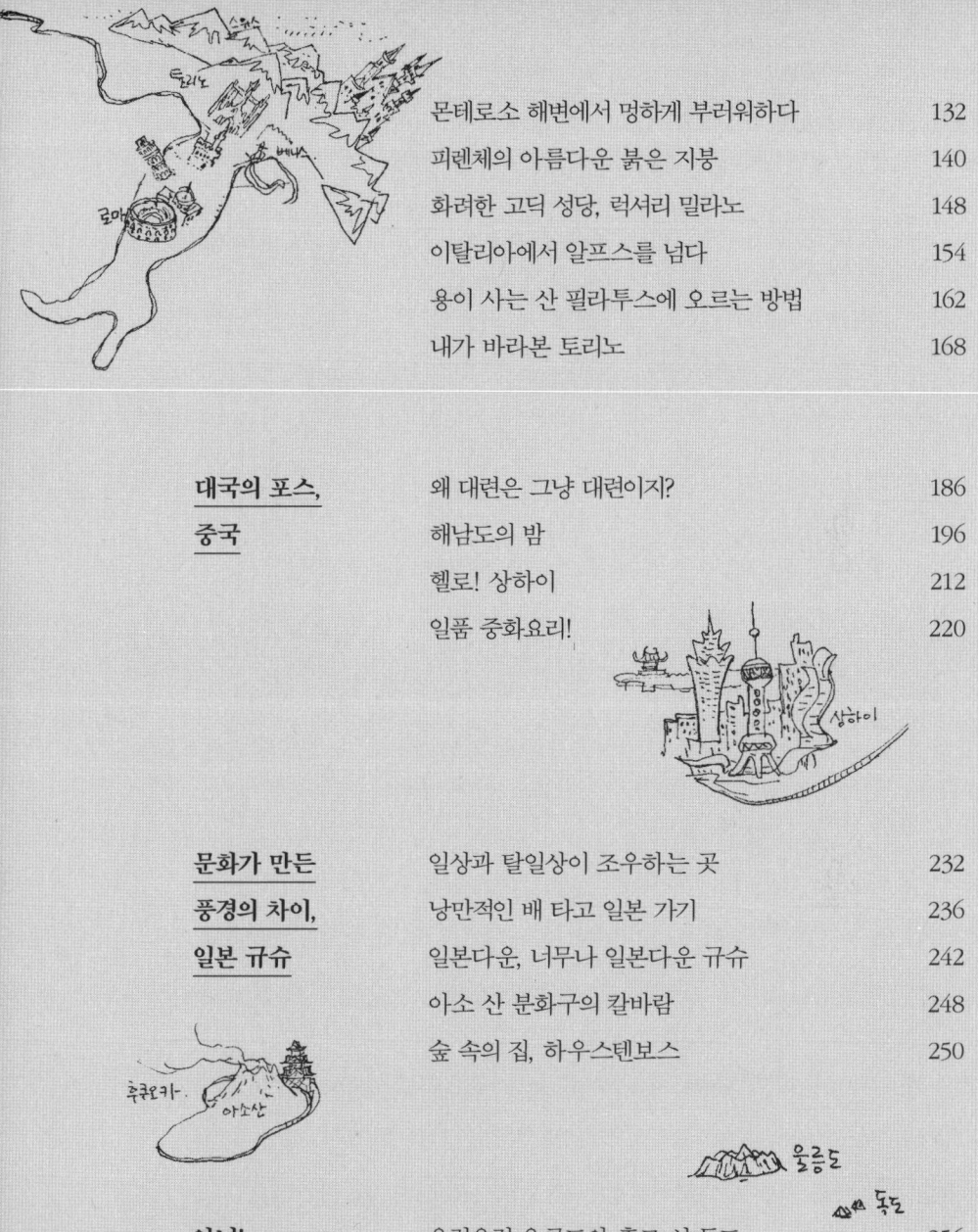

	몬테로소 해변에서 멍하게 부러워하다	132
	피렌체의 아름다운 붉은 지붕	140
	화려한 고딕 성당, 럭셔리 밀라노	148
	이탈리아에서 알프스를 넘다	154
	용이 사는 산 필라투스에 오르는 방법	162
	내가 바라본 토리노	168

대국의 포스,	왜 대련은 그냥 대련이지?	186
중국	해남도의 밤	196
	헬로! 상하이	212
	일품 중화요리!	220

문화가 만든	일상과 탈일상이 조우하는 곳	232
풍경의 차이,	낭만적인 배 타고 일본 가기	236
일본 규슈	일본다운, 너무나 일본다운 규슈	242
	아소 산 분화구의 칼바람	248
	숲 속의 집, 하우스텐보스	250

안녕!	울렁울렁 울릉도와 홀로 섬 독도	256
울릉도와 독도	동해 일기	266

만남과 시작

최호철 선생에게서 전화가 왔다. 최호철 선생은 2002년 3월로 '최호철 작가'에서 '동료 선생'이 되었다. 내(박인하)가 청강문화산업대학 만화창작과에 임용되었기 때문이다. 이제 동료 선생으로, 속칭 직장 동료로 뻔질나게 얼굴을 맞대야 하는 사이가 된 것이다. 그 전에 최호철 선생을 처음 본 것은 1995년이다. 나는 대학 4학년 가을쯤 한 잡지사에 입사했다. 상품 정보 잡지였는데, 다양한 상품 컬렉터가 많은 일본과 달리 우리나라에서는 실패했다. 나는 끝물에 들어간 죄로 빨리 수습 딱지를 떼고 취재 전선에 투입되었다. 지명도 낮은 매체에서 근무하면서, 동시에 좋은 선배들을 만나면 다른 곳에서보다 훨씬 빨리 글을 배우게 된다. 단신 기사에서 르포 기사, 기획 기사에 이르기까지 다양한 글을 써댔다. 그러다 잡지사가 어려워지자 프리랜서로 변신한 뒤, 몇 편의 만화 기사를 썼다. 그러던 중 문학 청년의 로망인 신춘문예 시기가 왔다. 시나 소설에는 영 자신이 없었는데, 스포츠서울을 보니 만화평론 부문이 있었다. 평론이라면 좀 해볼 만한데, 게다가 만화평론이라니, 그때 한창 만화에 빠져 있었는데 말이지. 천운이었던 것 같다. 나는 만화평론을 완성해 우편으로 접수했다. 그리고 12월 어느 날 전화가 왔다.

상을 받고 난 어느 날 당시 한국일보에서 근무하던 김철진 형에게 전화가 왔다. 김이랑이라는 필명으로 만화평론을 기고하던 형은 '만화평론가협회'가 구성될 예정이니 함께하자고 했다. 내가 뭐 싫고 말고 할 상황이 아니었다. 그렇게 만화평론가의 길을 걸었다. 선배들이 넘겨준 원고를 쓰던 중 한창완 형이 SICAF 전시를 도와달라고 했다. 나는 한국 애니메이션 역사 파트를 맡았고, 당시 우리만화협의회에서 일하던 이상홍은 한국 만화의 역사 파트를 맡았다.

며칠 밤을 새우며 전시를 준비하던 그때, 최호철 작가를 만났다. 전시 제목은 '피어나는 9인전'. 이런 상큼하기는. 제목 그대로 막 피어나는 작가 아홉 명이 참여한 전시였다. 이 전시에 최호철 작가가 참여했고, 나는 그 전시에서 최호철 작가를 처음 만났다. 커다란 화폭에 수많은 인간을 그린 그의 작품을 그곳에서 처음 봤다. 그리고 그 뒤, 아주 간간이 최호철 작가를 만났다. 사람 좋은 웃음, 세상을 섬세하게 잡아내는 광각렌즈의 시각, 그러나 쉽게 보기 힘든 작품. 그런 그가 동료가 되었다. 사람 좋은 그가.

"이번 교수 연수는 제주도에서 한다고 해요. 김포공항에 늦지 말고 나오세요."
"예."

속으로 생각했다. 우아, 대학에 오니까 연수를 제주도로 가네! 다르긴 다르구나!

제주도

바람 타는 섬, 제주

최호철의 수첩

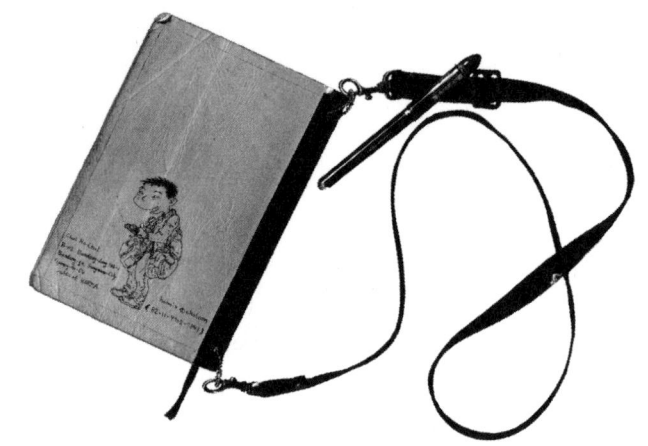

이제 막 임용된 초짜 교수는 긴장해서 약속 시간에 늦지 않게 김포공항에 갔다. 믿을 사람은 오직 최호철 교수뿐이다. 도착하자마자 두리번두리번 최호철 선생을 찾는다. 이런, 없다. 낯선 이들 틈에서 마음이 불안하다. 다행히 역시 이전에는 나기용 감독으로 알고 있던, 나기용 선생이 있다.
"나기용 감독님!"
반가운 마음에 달려간다.
"최호철 선생님은 안 왔어요?"
내가 물으니, 나기용 선생이 "또 늦나 보네"라고 대수롭지 않게 대답한다. 그렇구나. 연수를 담당하는 직원 선생이 교수 인원을 파악한다. 다른 교수는 다 도착했는데, 최호철 선생은 보이지 않는다. 비행기 수속이 시작되고, 마음이 점점 초조해진다. 그때 저쪽에서 온몸에 뭔가를 치렁치렁 매단 사나이가 나타난다.

허겁지겁 뛰어오는 그의 옆구리에서 수첩이 흔들린다. 배낭을 메고, 수첩과 카메라를 걸고 뛰어오는 그의 모습이 꽤 진지하면서도 코믹해 보였다. 간신히 비행기에 오르자 카메라를 꺼내 사진을 찍는다. 카메라는 니콘 쿨픽스 995. 보디가 돌아가는 최신(그 당시) 디지털카메라. 한참을 찍더니 수첩을 꺼낸다.

슬쩍 훔쳐보니 그림을 그린다. 먼저 비행기 내부를 쓱쓱 그린다. 구도를 재지도 않고, 미리 밑그림을 그리지도 않고 펜을 꺼내 쓱쓱. 좀 신기하다. 스튜어디스가 음료를 나눠주는 모습을 보더니, 스튜어디스를 재빠르게 그린다. 나중에 알았지만, 비행기에만 타면 스튜어디스를 그린다. 그림쟁이들이 자기를 가장 빨리 어필하는 방법일 테지만, 최호철 선생은 그 그림을 스튜어디스에게 보여주지 않으니 작업은 아니다. 수첩을 자세히 본다. 하드보드 커버에 구멍을 두 개 뚫어 군번줄 같은 쇠고리를 걸고 거기에 얇은 가죽 끈을 연결했다. 언제 어디서라도 휴대 가능하도록 끈을 단 것이다. 최호철 선생은 이 수첩을 365일 휴대한다. 없으면? "없으면 불안해서 아무것도 못해요."
수첩 안쪽에는 일련번호와 날짜가 적혀 있다. 여기에는 주로 그림이 있는데 간혹 글도 있다. 강연을 들었다 치면 강연자를 그린 그림과 그 사람이 한 말 중 최호철 선생이 감명 깊게 들은 말이 적혀 있다. 그림이 있으면 꼭 글이 있어야 한다는 게 그림쟁이 최호철 선생의 지론이다. 나도 거기 동감한다. 그래서 우리는 제자들에게 그렇게 시킨다. 그림만 있어서는 안 된다, 아무리 연습이라도, 크로키라도 뭐라도 적어라!
나는 조심스레 물었다.
"원래 교수 연수는 제주도로 가요?"
"아니, 저도 처음이에요."
"전에는 어디 갔어요?"
"○○ 갔어요(분명 들었는데, 기억이 안 난다)."
"그럼 ○○에서 제주도로, 내년에는 해외로 가겠네?"
그러나 그건 우리만의 꿈이었다. 그 이후 제주도는커녕 바다 건너 교수 연수를 가는 일은 없었다. 아무튼 난 임용 첫 행사를 제주도에서 치른다는 떨림에, 최호철 선생은 교수 연수를 제주도로 간다는 즐거움에 벌렁벌렁 김포발 대한항공을 타고, 서울을 떠나 제주도로 날아가고 있었다.

제주도에 비가 온다.

제주도의
날씨를 흐리다보다.

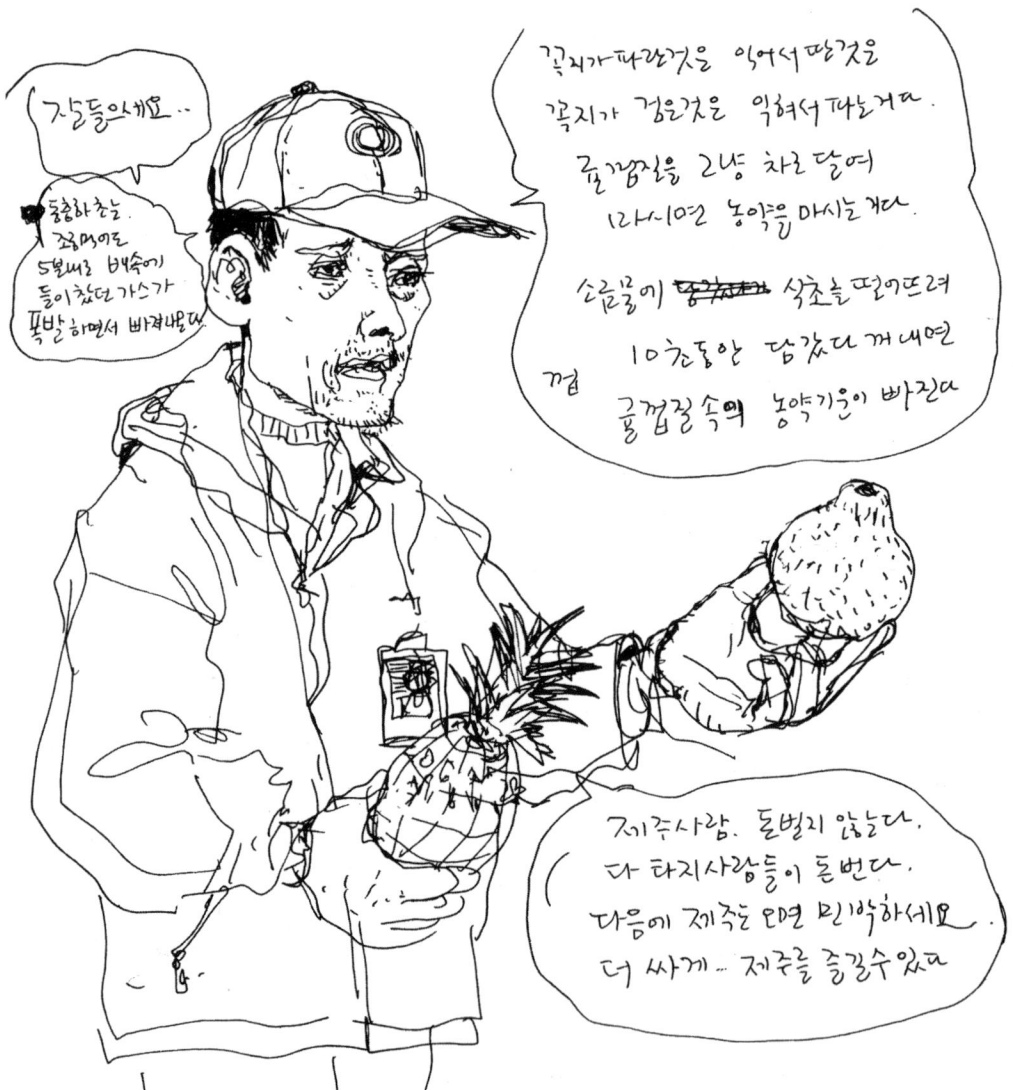

오렌지랑 접합시킨
배꼽줄, 한라산 같이 생겼다고
한라봉이라고하는 줄입니다.
정말 맛있습니다.
(비싸긴해도. 배보다는 쌉니다

그래도난. 배를 사겠따000

동충하초

- 파인애플 - 까시가 없는거.
  한뼘 정도의 크기
  향기 확인.
  위의 잎을 뺄때
  돌려서 빼면...
  빼서
  화분에 심고
  한달에 (게을러야
  한번 물   살린다)
  카바이트물을 (부글부글)
  한국자 부어주면
  열매가 맺는다

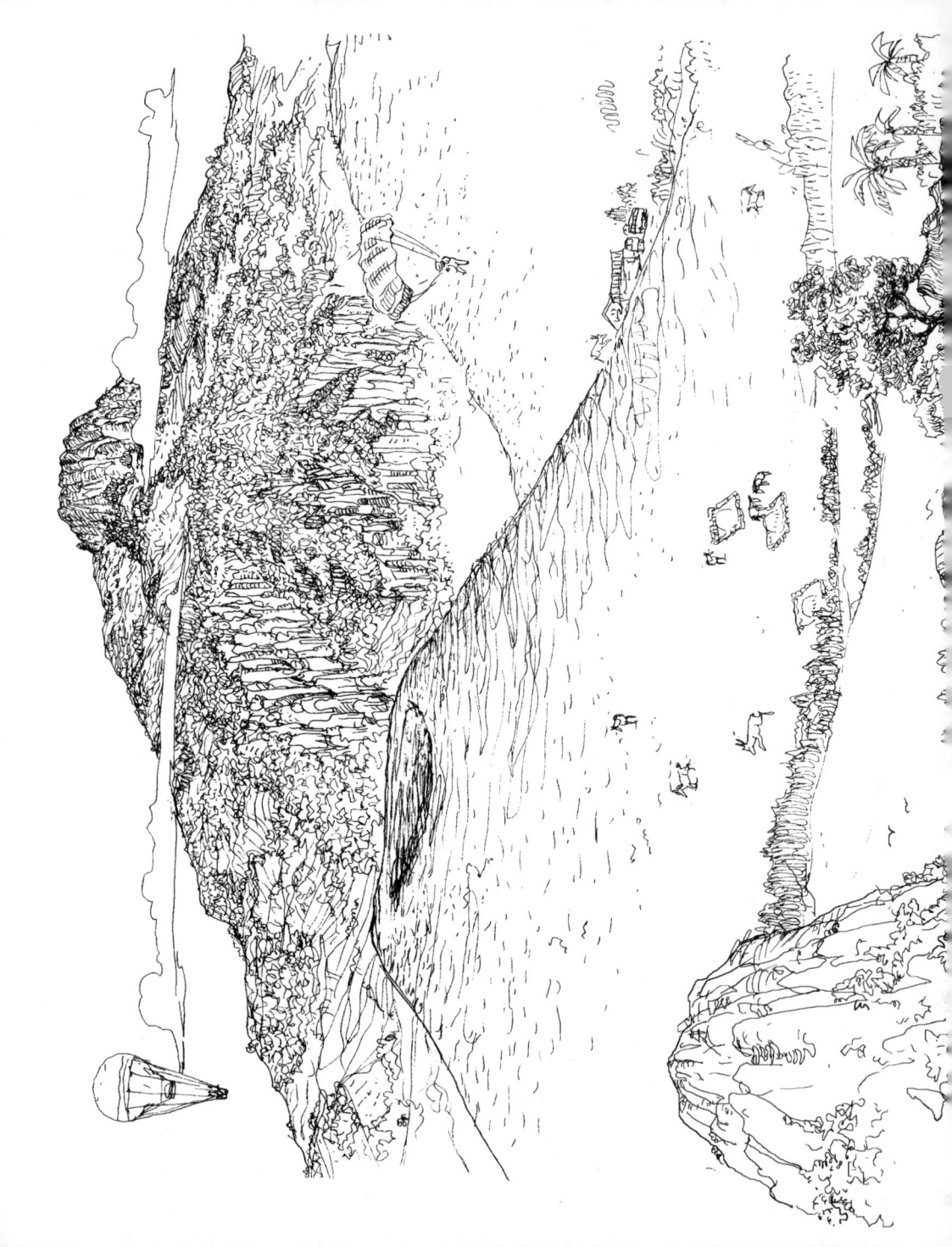

자연과 삶이 만나는 섬

태초에 천지는 구별 없이 한 묶음으로 혼합되어 있었다. 하늘과 땅은 서로 맞붙은 거대한 암흑 덩어리였다. 오랜 밤 끝에 먼동이 터오는 듯이 마침내 이 암흑 덩어리에 개벽의 기운이 꿈틀거리기 시작하였다. 우레가 울고 번개가 암흑을 꿰뚫었다. 여기저기 땅거죽이 불쑥불쑥 부풀어올라 불기둥을 뿜어내고 물은 부글부글 끓어올라 산더미 같은 해일을 일으켰다. 화산 번개, 화산 천둥이 무섭게 내리치는 가운데 화산재가 폭설처럼 쏟아지고 뜨거운 용암이 뭉클뭉클 흘러내렸다. (중략) 마침내 동녘에 붉은 해가 탄생하여 천지는 활짝 개벽되어 거대한 화산도火山島 하나 해중海中에 모습을 나타냈다.

- 현기영 〈바람 타는 섬〉 중

2007년 여름이 막 시작되었을 때 두 만화쟁이는 제주도로 여행을 떠났다. 공교롭게도 2007년 여름은 다른 어느 해보다 비가 많았다. 마치 동남아시아의 우기처럼 질기게도 비가 내렸다. 제주도에 머물던 그리 길지 않은 시간 동안 참 다양한 비를 만났다. 앞이 안 보일 정도로 내리는 장대비, 부슬부슬 처량하게 내리는 보슬비, 햇살과 함께 내리는 여우비까지. 그러다 보니 제주 여행은 우산으로 시작해 우산으로 끝을 맺었다. 하지만 내리는 빗속에서 만난 제주의 풍광은 질척한 습기의 지겨움을 잊을 만큼 아름다웠다. 손에 잡힐 듯 서 있는 한라산의 위용, 흘러내린 용암이 바다까지 내쳐 달려 만들어낸 용암 동굴 만장굴, 널찍하게 펼쳐진 오름의 이국적인 자태, 창조주가 주물러놓은 거대한 주상절리의 남성적 용맹은 다른 곳에서는 볼 수 없는 제주도만의 아름다움이었다.

제주도 하면 보통 낭만적 이미지를 떠올린다. 최성원이 먼저 부르고, 최근 성시경이 리메이크한 '제주도의 푸른 밤'이라는 노래 때문인 듯하다. "떠나요 둘이서 모든 것 훌훌 버리고 제주도 푸른 밤 그 별 아래"로 시작되는 이 노래는 일상에 얽매이지 말고 제주도로 떠나서 "깡깡 밭 일구고 감귤도 우리 둘이 가꿔봐요"라고 속삭인다. "정말로 그대가 외롭다고 느껴진다면 떠나요 제주도 푸른 밤하늘 아래로"라고 감미로운 목소리로 노래하니 얼마나 낭만적인가?

그러나 직접 눈으로 본 제주의 풍광은 낭만적이라기보다는 원시적이고 거칠었다. 화산 섬답게 오래전 활발했던 화산활동의 흔적을 고스란히 보여주는 장소가 넘쳐났다. 길가에 굴러다니는 현무암은 물론 용암이 굳는 속도에 따라 다른 모양으로 생성된 다면체 돌기둥으로 이루어진 주상절리, 흘러내린 용암이 빠르게 달려 바다로 들어간 흔적인 만장굴 등의 모습은 길게는 100

만 년에서 짧게는 10만 년 전 꿈틀거리고 용솟음친 자연의 힘을 느끼게 해주었다. 제주도에서 흔히 볼 수 있는 오름의 모습도 매력적이었다. 야트막한 언덕이나 구릉처럼 보이는 오름은 지하 깊은 곳의 마그마가 지표로 분출할 때 폭발하며 하늘 높이 솟아오른 화산 분출물이 떨어져 형성된 것이다.

비 오는 제주 한라산 밑자락에서 거대하게 펼쳐진 오름을 보며 오래전 원시 자연의 제주를 생각해보았다. 대지 밑에서는 마그마가 들끓고, 그것이 하늘로 분출되어 수백 미터씩 솟아오르는 모습. 제주의 자연은 그렇게 경외감을 주는 힘을 품고 있었다.

더불어 제주에는 이런 거친 원시적 자연의 풍광에 맞서 삶의 터를 개척해낸 사람의 모습이 있었다. 거센 바람에 맞서 땅을 일구어 만든 밭 사이로 쌓아 올린 돌담의 모습은 거친 자연을 거스르지 않으면서도 극복해낸 제주 사람들의 생명력을 보여주는 상징적 풍경이었다. 고려 말까지 뭍에 속하지 않았던 제주도 사람들. 원나라의 침입에 끝까지 맞섰던 그들. 돌투성이 땅을 개간하고 바다로 물질을 나가던 순한 사람들이지만 일제의 수탈이나 부당한 탄압에 맞서 싸웠던 사람들이다. 제주시 구좌읍에 있는 제주해녀박물관을 방문하면, 제주에서 살던 사람들의 모습을 세세히 살펴볼 수 있다. 집, 마을 공동체, 다양한 작업 도구는 물론 다양한 어업 활동 모습도 보여준다. 지금이야 잠수함이 다니고, 멋진 호텔이 가득한 제주이지만 낭만 뒤에는 일상이 있는 것이다.

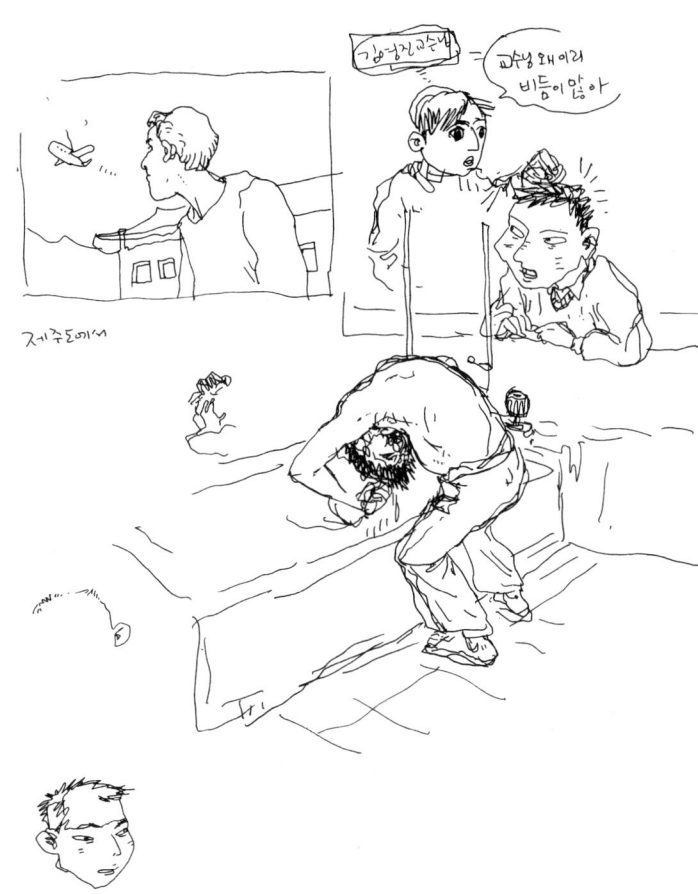

マツの之レ

시공을 초월한 풍경, 일본

만화를 만나다

최호철 선생과 본격적으로 여행을 떠난 첫 번째 기록. 2002년 8월 22일부터 26일까지 일본 연수. 아키타 찍고, 센다이 들러, 도쿄 갔다가, 오사카까지. 솔직히 난 일본이 그렇게 커다란 나라인 줄 몰랐다. 일본 하면 늘 떠오르는 작은 집, 작은 물건. 이어령 교수는 '축소 지향의 일본인'이라고 말하지 않았던가. 트랜지스터도 일본이 개발하고, 워크맨도 일본 것, 하다못해 동네마다 들어선 편의점도 일본에서 개발한 작은 물건인데 말이지. 줄이기 좋아하는 일본. 아! 분재도 있다. 이런 말을 나누면서 아키타로 향했다. 아키타로 향하는 비행기 안에서 최호철 선생은 비장의 수첩을 꺼냈다. 어디론가 여행을 떠나면, 그 수첩에는 우선 일정표가 붙는다. 이번 연수의 기획자는 나. 연수 목적은 청강만화역사박물관 개관을 위해 일본의 만화 박물관들을 돌아보는 것이었다.

비만 지겹게 내려 그다지 여름 같지 않은 여름을 거의 다 보낸 8월 22일 아침 9시 일본 아키타행 비행기에 올랐다.

"아키타에 갔다가 센다이, 도쿄 그리고 오사카까지 가는 거네. 아키타랑 센다이는 처음 가보는 곳이다."

"센다이仙臺? 한문으로 읽으면 선대인가?"

"그러게 선대."

우리는 그 뒤로도 쭉, 센다이에 가서도, 선대, 선대하면서 불렀다. 마치 도쿄를 동경이라 부르는 것처럼. 우리는 100퍼센트 정답보다는 90퍼센트 정도, 아니 50퍼센트 정도로도 즐겁게 사는 사람들이다. 한국 사람들이 들었으면 어땠을까? 생각해보니, 아키타로 가는 비행기 승객의 대부분이 한국 사람이었다.

작은 비행기가 생각보다 더 작은 공항에 내렸다. 아키타공항은 일본 항공자

위대와 아키타 현이 공동으로 사용하는 작은 지방 공항이다. 건물 한 동만 있는 공항이 수수하다. 수속을 마친 뒤 짐을 찾는 곳에서 만난 대부분의 승객은 한국 사람들. 모두 등산복 차림이다.

"산에 왔나?"

"그런가 봐요."

"일본에 높은 산이 있나?"

"글쎄, 아까 비행기에서 보니까 산들이 꽤 험하던데요."

우리는 정말 몰랐다. 몰라도 너무 몰랐다. 작고 좁은 산도 없는 나라라는 것이 우리가 생각한 일본의 이미지였다. 그러나 현실의 일본은 달랐다.

일본은 긴 섬으로 되어 있다(여기까지는 우리도 잘 알고 있다). 가장 가까운 지점은 대륙(우리나라)과 불과 160킬로미터 떨어져 있고, 중국에서는 800킬로미터 떨어져 있다. 그러니 중국까지 배를 타고 쳐들어가기는 너무 멀고, 우리나라는 그래도 해볼 만한 거리인 것(너희가 그래서…)! 아래로부터 규슈九州, 혼슈本州, 시코쿠四國, 홋카이도北海道, 네 개의 섬으로 이루어져 있다. 북에서 남으로 길게 뻗어 있으며, 길이는 모두 1920킬로미터다. 길게 뻗은 지형이라 어디에서든 바다에 쉽게 접근할 수 있다. 하지만 평원 지대는 3분의 1 정도. 전체 지형의 3분의 2가 험준한 산악 지대로 이루어졌다. 그중 험한 산이 많은 동네가 아키타다.

아키타는 동해에 붙어 있는 지방이다. 그런데 나는 끝끝내 태평양 쪽에 붙어 있다고 생각했다. 그때부터 쭉, 이 글을 쓰기 일보 직전까지. 그런데 지도를 보니, 동해에 있다. 그렇지 뭐. 아키타 동쪽으로 오우 산맥이 지나가고, 중심부로는 데와 산맥이 지나간다. 그러니 온통 산뿐이다.

대기 중인 버스를 타고 한참을 달렸다. 지루하게 달리고 또 달렸다.

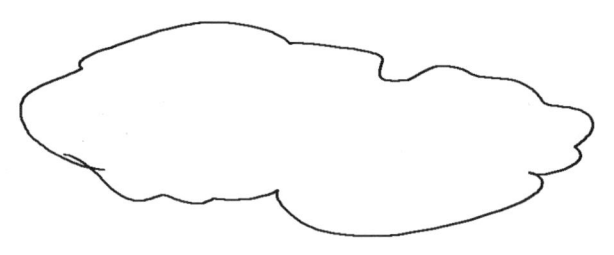

논과 밭 가운데
만화 박물관

낚시망~   아키타
         요르메 마쯔다양 가까술로

도쿄나 오사카 같은 대도시가 아니라 한 번도 이름을 들어본 적이 없는 아키타秋田. 요코테 마쓰다 망가미술관橫手增田町まんが美術館만 없었다면 특별히 찾을 일이 없을 곳이다. 비행장을 빠져나온 버스는 약 한 시간을 달렸다. 그렇게 해서 도착한 곳에는 논과 논 사이에 달랑 작은 집 몇 채가 있었고, 왠지 그닥 어울려 보이지 않는 커다란 건물이 하나 있었다. 이곳이 아키타 현 요코테 시 마쓰다 정에 있는 만화 박물관.

모두 2층으로 된 지역 문화 시설인 '푸레아이 플라자'는 500석 규모의 공연장과 5만 권의 도서를 소유한 도서관과 회의실, 세미나실과 함께 상설 전시관과 기획 전시관, 캐릭터 상품 매장을 갖추고 있었다. 다카라즈카 시의 데쓰카 오사무 박물관이나 미타카 시의 지브리미술관처럼 짜임새 있고 화려하지는 않지만 매우 소박하게 지역 주민의 문화적 욕구를 충족시키는 공간임을 처음 보는 순간부터 알 수 있었다. 아무것도 없는 산골 작은 도시인 이곳에 만화 박물관이 들어선 이유는 1939년 마쓰다에서 태어난 일본의 대표적 만화가 야구치 다카오矢口高雄를 기념하기 위해서다. 야구치 다카오는 아키타의 산과 강에서 모티브를 얻었음이 분명한 자연적인 작품으로 큰 사랑을 받았다.

우리나라에도 소개된 대표작 〈소년 낚시왕釣りキチ三平〉은 1973년부터 〈소년 매거진〉에 연재된 작품이다. 맑고 높은 산과 바다와 거기에 살고 있는 물고기는 아키타만이 보여줄 수 있는 매력적인 환경이었다. 상설 전시관은 〈소년 낚시왕〉을 거울에 새긴 파티션부터 활자를 인쇄한 나무판까지 작가의 작품 세계를 충실히 보여주었다. 특이한 것은 작가의 작업실을 그대로 재현한 '만화 공방まんが工房'이었다. 나무 의자에 감추어진 민물고기들을 찾다 보면, 거대한 나무를 중심으로 2층으로 올라가는 나선형 복도가 나타난

다. 이 복도에는 일본이 자랑하는 대표 작가 60명의 패널과 원화가 전시되어 있었다. 1층에 있는 기획 전시관은 특별 기획 전시를 진행하는 곳이다. 우리가 방문한 2002년 8월에는 야구 만화 〈도카벤〉으로 시대를 풍미한 미쓰시마 신지 특별전을 개최했다. 매우 평범한 공간이지만, 지역 주민이 자신의 고향을 대표하는 작가를 기념하는 미술관을 활용하는 모습은 매우 아름다웠다. 반면 우리나라를 대표하는 만화가 선생님들의 손때가 묻은 주택들이 무관심 속에서 다세대 주택으로 변해가는 모습이 떠올라 한편으로 마음이 아프기도 했다.

11전람회를 어떻게 운영할것인가를 검토해야. 홍대출신들같은 경우는 수집품을 정말 귀하게 감상하거나 하는 관심이 없다. 학문적인 수집가들도 가지고 있다. 아님, 이전시대 투기가들을 활용하고 보이는 귀추로 발굴이 되던지나 그런것이 결렬되야한다.

여명계몽의가 되든 이번주 안에 이번 여행안에 구체적으로 결론을 내주어야한다. 이번 여행갔다와서 재대로 하려면 2004년 3월에 오픈하는게 좋겠다 라고 말할수는 없다.

두번 수집가능 위주로 가야한다고 생각하지만 건물을 다지을때까지 순회전등을 통해 10억원로 알리고 만화가 사장 방지등을 하고... 전국 전시를 하다보면 수집도 되고... 내속에 걸음지어면 그간의 실험을 통해 제대로된 전시도 하고 부천축은. 일단 체육관지하에 개관은 하고 보여줄것 다보여주고싶기때문에 새로건물짓고 멋지게 올린다하더라도 이미 관심이 떨어질수밖에없다

우리도 개관을 한다면 그것으로 그이미지가 결정이 나게되니까 신중할 필요가 있다

여신이 얼마가 걸려있는지 D/B작업도 어떻게하냐 할지..

일단 수집기능당연, 학예출판기능, 해외박물관네트워크, 뭐 그런것은 모두 동의한상태이다. 그냥 넘어 가다보니 ~~심도깊게가 하지~~ 지금까지는. 여차피 열것이라면 그리고 먼 눈으로 생각해보면 우리가 이번 여행을 통해 얻게 될. 많은 것들중 우리여건에 할수있는것들은 그리해서 시간내에 해내면 된다.

하지만 만화라는 매체의 특성을 확실히 이해하고, 그것에 맞는 전시를 준비했으면 한다. 프랑스나 벨기에 만화사속 흐름은 평면을 통한 판타지라는 인식 아래 입체물 조차 평면으로 환원된 상태로 설계를 꾸미더라. 그런설정을 토대로

만화 자연사 박물관 테마별로 만화전시를 하면어떨까 만화의공간, 만화의 벽. 서울 개발..

그래!
우리의 로망은
히어로야!

아키타 현에서 일본을 가로질러 태평양 쪽으로 내려오면 센다이 시가 나온다. 우리가 선대라 불렀던 센다이 시. '이시노마키 망가탄박물관石ノ森萬畵館'은 센다이에서 국철로 약 1시간 거리에 있는 작은 해변 도시 이시노마키 시에 있다.

저녁 녘에 센다이에 도착한 우리 일행은 먼저 호텔에 짐을 풀었다. 그런데! 호텔 바로 옆에 거대한 관음상이 있는 게 아닌가. 센다이 거리를 내려다보는 언덕 위에 자리 잡은 호텔 바로 옆에 무려 100미터에 달하는 흰색 관음상이 우뚝 서 있었다. 센다이 어디에 서 있어도 이 관음상이 보이는데, 굉장히 그로테스크했다.

"이건 일본식 스타일이 아닌 것 같은데?"

"왠지 미묘하게 한국풍이지요."

게다가 호텔 바로 옆에는 신도시가 있었다. 그러니까 언덕 위, 신도시, 거대한 관음상의 조합인 셈. 한쪽으로는 태평양이 보이고, 그 아래로 구도시가 보이는 이 미묘한 낯익음을 마주하고 우리는 그냥 웃고 말았다.

망가탄박물관은 일본 SF의 대부인 이시노모리 쇼타로를 기념하는 박물관으로 JR 이시노마키 역에 내리면 길 곳곳에 이시노모리 쇼타로 원작 캐릭터를 표현한 조형물이 눈에 띈다. 우리에게도 잘 알려진 《사이보그 009》의 캐릭터는 역에서 박물관으로 가는 길에서 모두 만날 수 있다. 작은 다리를 건너면 거대한 우주선이 눈에 띈다. 2001년 7월에 개관한 망가탄박물관은 이시노모리 쇼타로의 박물관답게 거대한 우주선 모양으로 구성되어 있다. SF 작가답게 박물관도 우주선 모양으로 만든 것이다. 포스 넘치는 이시노모리 쇼타로 선생의 모습과 그의 작품은 우리를 들뜨게 했다.

일본 주요 작가들의 손도장을 지나면 이시노모리 쇼타로의 손이 등장한다.

"이것이 선생의 손이다!"

그리고 1층으로 들어가면 기념품점과 영화 상영관(15분짜리 스페셜 애니메이션인 〈용신소〉가 상영되었다)이 있다. 우주선처럼 꾸민 복도를 도는데, 바로 그 복도에서 의미심장한 전시물을 발견했다. 사무라이들의 액션 동작을 담은 만화 한 페이지에서 캐릭터와 동작 선을 분리하고, 다시 거기서 동작선을 분리해놓은 전시물이었다. 만화가 평면을 통해 어떻게 공간을 주조하며, 분절을 통해 어떻게 연속을 구현하는가를 웅변하는 전시물이었다.

2층의 상설 전시관은 '만화 선언'부터 시작되었다. 망가가 '만화漫畵'가 아니라 '만화萬畵'인 것은 그 표현이 방대하고, 많은 사람들이 사랑하기 때문이라며, 영어로는 'Million Art'이고 따라서 Manga의 MA는 'Million Art'의 약자라는 선언이었다. 꽤나 도발적이지만 만화에 대한 매우 설득력 있는 선언을 뒤로하면 데스카 오사무가 이시노모리 쇼타로, 후지코 F. 후지오 등과 기거하며 신진 작가를 길러냈던 도키와 장トキワ莊의 디오라마가 재현되어 있었다. 여기에 도키와 장에 대한 인터뷰와 컴퓨터로 제작한 지도는 데스카 오사무와 도키와 장의 중요성을 새삼 일깨워주었다.

"우리도 이런 역사가 있으면 좋았겠지요?"

나머지는 이시노모리 쇼타로의 히트작인 〈사이보그 009〉, 〈가면 라이더〉, 〈키카이거〉 등을 활용해 관람자가 직접 체험해볼 수 있게 하는 시설로 꾸며져 있다. 체험 게임인 '사이보그 002호 타고 비행하기', '가면 라이더 오토바이 타기', '가면 라이더로 변신해보기', '호텔맨 적성 테스트' 등이 있으며, 주로 다양한 모형과 설치물로 이루어져 있다.

인상적인 장소는 이시노모리 쇼타로의 사극을 다룬 전시관이다. 벽지를 일본 전통화로 꾸몄으며, 반부조로 설치된 일본식 집의 창호지를 통해 보면 사극의 한 장면이 재현되어 있다. 높은 구멍에서는 성인용 그림을, 낮은 구멍에서는 어린이용 그림을 볼 수 있다는 점이 재미있었다. 3층에는 도서관 등의 시설로 구성되었다. 한편, 망가탄박물관은 인근에 위치한 이시노모리 쇼타로의 생가를 이용한 이시노모리 쇼타로 기념관과 연계 운영하고 있다.

이시노모리 쇼타로. 일본 SF의 아버지이자, 한국 SF의 아버지. 아버지를 아버지라 부르지 못하는 홍길동의 심정으로 한때 한국 작품이라 생각했던 만화들을 보았다. 우리는 원래 1970년대 만화 키드 아니었던가! '사이보그' 시리즈의 멋진 제복에 환호하고, '가면 라이더'들의 곤충 가면에 열광하면서 한참을 즐겼다.

"홍길동"

그림으로 택시에서
구원을 외치다!

- 일본에서 라면을 시킬때 (숙주나물) 라면을 시키면 맛있다.
  (콩나물)
  = もやしラーメン 모야시라맨

ⓐ 하지만 내가먹은 라면은. 맛은 있었지만 좀느끼한편이 었다.
   그래서 그런지… 나중에 센다이 역에서 New World hotel에 갈때
   평소 중독증상 처럼 안좋아지더니 다 게워내고 (hotel 셔틀 밴에서부터)
   엉망이 되었다 … 이틀동안 제대로 먹을수가 없었다.

신슈쿠 게이오플라자 호텔에서
みたか みやざき 박물관.
아직도 몸이 안풀렸다

어지럽고
머리가. ㄴ

이시노모리 쇼타로 박물관인 망가탄박물관을 관람한 뒤 다시 전차를 타고 센다이로 돌아왔다. 시간이 좀 남았다. 어쨌든 오늘 안에 도쿄까지만 가면 되는 일정이었다. 나는 최호철 선생을 꼬셨다.

"샘, 조 밑에 쇼핑센터 있던데, 우리 거기 더 보고 가는 게 어때요?"

무릇 진정한 관광을 하기 위해서는 쇼핑센터에 들러야 한다는 게, 그것도 현지인들이 들르는 가게를 들러야 한다는 게 나의 지론. 최호철 선생도 흔쾌히 동의했다. 여기에 나기용 감독이 동참했다. 이번 방문자들 중 이시노모리 쇼타로 박물관에 제일 열광한 셋이 남았다. 다른 이들은 도쿄로 가는 신칸센을 타러 떠났다.

"갑시다!"

호텔 근처에 커다란 쇼핑센터 분위기의 건물이 있었다. 자스코라는 일본 쇼핑센터 체인이었는데, 당시 거기가 쇼핑센터라는 건 그저 느낌으로만 알았다. 들어가 보니 거대한 쇼핑센터. 역시 글로벌 표준이 있다는 둥, 이런 쇼핑센터에 들러야 제맛이라는 둥 떠들며 쇼핑센터를 둘러보기 시작했다. 어린 아이가 있던 나기용 감독이 어린이용 장난감을 바라보고 있었는데, 최호철 선생의 얼굴빛이 심상치 않다.

"아파요?"

"예. 안 좋네."

"왜 그러지?"

"아까 점심 먹은 게…."

최호철 선생은 화장실을 찾았다. 그 순간, 우리 일정은 꼬이기 시작했다.

"아무래도 체한 것 같아."

세상에, 아무거나 잘 먹고, 튼튼한, 무쇠 팔 무쇠 다리의 최호철 선생 아니던

가. 우리는 쇼핑센터를 포기하고 짐을 찾으러 호텔로 향했다. 호텔에서 나와 일단 택시를 타기로 했다. 최호철 선생은 택시를 타자마자 수첩을 꺼내 뭔가를 열심히 그리기 시작했다. 그리고 택시 기사에게 그 그림을 보여주며 말했다. "오나카가 이타이. 아타마가 이타이."

그림을 보여주며 던진 간단한 일어. 배가 아파, 머리가 아파. 택시 기사는 최호철 선생의 그림 언어를 보더니, 약국으로 차를 몰았다. 약국 앞에 차를 세운 택시 기사는 손수 환자를 이끌고 약국으로 들어가 상태를 설명한다. 어차피 우리 셋 다 영어도 별로, 뭐 잘해봐야 일본 사람들이 알아듣지 못하고, 일어도 딱 오나카가 이타이, 아타마가 이타이 수준이니 역시 보디랭귀지를 뛰어넘는 그림 언어가 최고였다. 약사가 지어준 약을 들고 호텔로 돌아왔다. 약을 먹은 최호철 선생은 약 50퍼센트 회복. 그래도 아직 환자다.

젠장, 흡연 신칸센

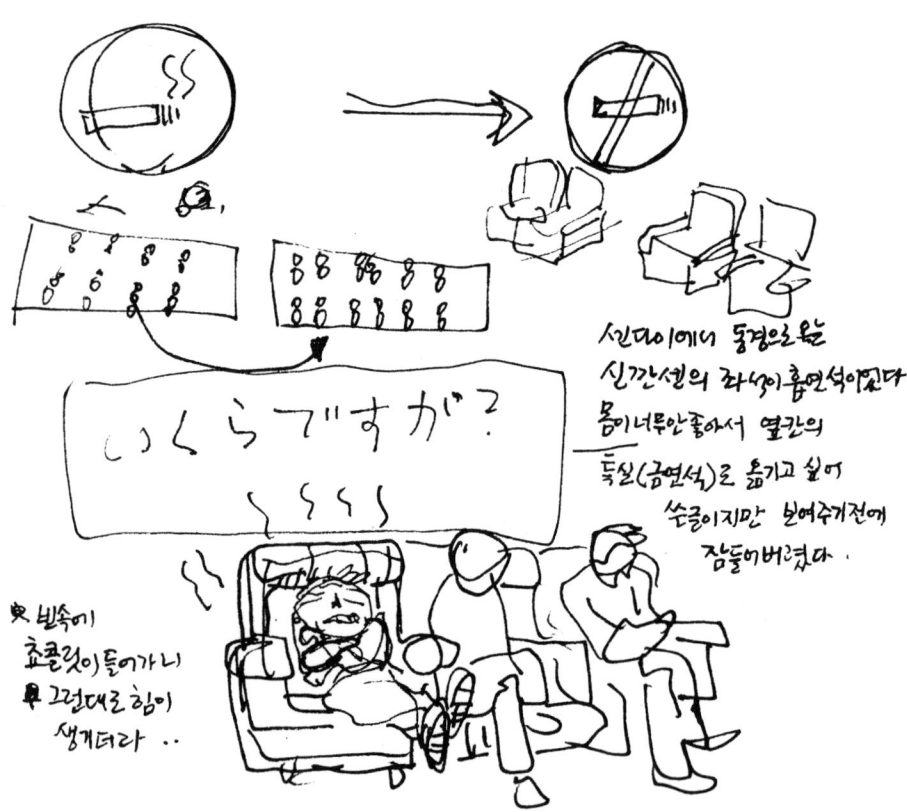

우리는 센다이 역으로 갔다. 도쿄로 가는 신칸센 표를 사는 미션. 솔직히 열차 시각은 표로 보고, 가는 곳은 도쿄. "도쿄마데 산인" 하면서 손가락 셋을 살포시 들어주면 끝. 그리고 뭐라고 뭐라고 상대방이 말하면서 시각표를 보여주면, 손가락으로 고르면 땡이다.

나는 돈 주는 사람, 아쉬운 건 파는 사람이라는 마음으로 평정심을 유지한 채 티켓 구매에 성공했다. 그러나 얼핏 스모킹, 논 스모킹을 물어봤는데, 그쯤 대수롭지 않게 넘긴 게 왠지 마음에 걸렸다.

"우리 금연석이죠?"

당시 세 사람은 모두 금연자.

"설마, 기차에서 담배를 피겠어요? 신칸센인데?"

설마였다.

우리가 자리를 잡고 앉은 순간, 게다가 그 자리마저 모두 뿔뿔이 흩어져 있었다. 사람들은 기다렸다는 듯 담배를 피워댔다. 내 앞자리의 젊은 언니도, 뒷자리의 신사도, 도시락을 까먹고 나서 줄곧 흡연 모드다. 그나마 나는 앞뒤로 흡연자들. 저 건너편을 보니 최호철 선생은 바로 옆자리에서 흡연 공격이다. 아, 불쌍한 최호철 선생.

언제, 어디에서라도 시간만 나면 그림을 그리는 최호철 선생은 그날 센다이에서 도쿄까지 가는 기차 안에서 센다이 쇼핑센터에서 체해서 한기가 들어서 현지에서 산 겉옷을 푹 둘러쓰고 오지 않는 잠을 청했다.

도쿄에 도착해서 최호철 선생이 나에게 한 말.

"죽을 뻔했어요. 이런 젠장 신칸센! 한국에서는 무궁화호도 금연이야!"

안녕!
미야자키 하야오 선생

도쿄에 도착했다. 아시아 최고의 도시. 우리가 도착한 호텔은 신주쿠에 있었다. 이런 신주쿠라니. 신주쿠 지하철역의 복잡함을 지나, 산초메의 환락을 지나, 오피스 빌딩가의 웅장함과 신주쿠 공원의 노숙자들까지.
"일본 만화랑 똑같다!"
이번 여행은 목적이 있었기 때문에 도시의 환락에 빠져 있을 수 없는 일. 게다가 최호철 선생은 체한 몸을 이끌고 흡연 신칸센을 타고 오지 않았던가. 우리는 저녁을 대충 마무리하고 자리에 누웠다.
다음 날, 도쿄 도의 미타카 시(도쿄는 일본에서 제일 큰 광역시로 우리로 치면 특별시 개념의 도라고 부르고, 도쿄 도에 여러 시가 있다. 미타카 시는 신주쿠에서 멀지 않다)에 있는 지브리미술관으로 향했다. 왠지 공부하는 것 같지만, 미야자키 하야오에 대해서 이야기를 좀 해야겠다.
1989년? 1990년? 나는 사촌동생의 집에서 몇 번씩 복사해 열화된 화질의 애니메이션 한 편을 보았다. "코난을 만든 사람이 만들었어"라는 단순한 소개에 매료되어 보기 시작한 애니메이션은, 그때까지 본 그 어떤 영상보다 훌륭했고, 매혹적이었다. 묘한 노스텔지어를 자극하는 탄광 마을의 현란한 추격 장면이나 탈것의 개념을 뛰어넘은 비행선, 그리고 무엇보다 하늘 위에 거대하게 떠 있는 라퓨타의 스펙터클한 상상력과 그 성을 지키는 로봇의 낭만은 굉장했다. 얼마 후 나는 이 애니메이션을 만든 감독의 이름이 미야자키 하야오이며, 그는 TV 시리즈 〈미래 소년 코난〉을 만든 감독이라는 사실을 확인할 수 있었다.
'그랬구나. 어쩐지.' 〈천공의 성 라퓨타〉에 사로잡힌 나는 일본산 애니메이션 중에 〈천공의 성 라퓨타〉만큼 빼어난 작품이 많다는 사실을 알게 되었다. 러닝 타임이 90분 정도인 극장판은 물론 몇십 편의 시리즈까지 밤을 새우며 보던 시절이었다. 일본 애니메이션을 탐식하게 된 원동력은 미야자키 하야오에서 비롯되었다. 미야자키 하야오는 점차 극장용 애니메이션에 집중했다. 그는 자신이 꿈꾸던 이상을 화면에 담으려 했고, 그렇게 했다. 개봉하는 작품마다 최고의 성적을 올렸지만, 더 이상 욕심을 부리지 않았다. 그는 자신의 작품이 인정받고 후속작을 만들 준비가 되자 사업 규모를 확대하지 않고, 극장용 애니메이션에만 집중했다.

미야자키 하야오는 1941년 1월 5일 도쿄에서 태어났다. 그가 태어난 미야자키 가문은 가업으로 미야자키항공을 운영하는 부유한 가정이었다. 아버지 미야자키 가쓰지는 미야자키항공의 공장장이었고, 당시 일본의 주력 전투기인 '제로식 전투기'의 주요 부품을 만들어 납품하면서 큰 호황을 누렸다. 그러나 패전과 함께 군수산업체인 미야자키항공도 몰락해 풍요로운 유년 시절은 그리 오래가지 못했다. 1947년 도쿄를 피해 피난 간 우쓰노미야宇都宮시에 있는 초등학교에 입학했다. 1947년, 미야자키 하야오가 초등학교에 들어가던 그해 미야자키의 어머니는 결핵균이 척추에 들어가는 병에 걸려 길고 긴 투병 생활을 시작한다. 패전한 나라, 몰락한 가업, 병들어 입원해버린 어머니. 이후 투병하는 어머니의 모습은 〈이웃집 토토로〉에서 사실적으로 묘사되었고, 유년의 불안한 기억은 그의 여러 작품에 투영되었다.

이런 시련과 함께 보내야 했던 미야자키 하야오의 유년 시절을 위로해준 것은 데쓰카 오사무의 만화였다. 겉으로는 밝은 어린이 만화처럼 보이지만, 사실 버림받은 로봇 소년의 이야기인 〈철완 아톰〉의 비극적 스토리에 마음을 빼앗기기도 했다. 이후 미야자키는 자신이 데쓰카 오사무에게 받은 영향에 대해 "18세 이후 나만의 스타일을 만들어야겠다고 생각했을 때, 어떻게 하면 마음속 깊이 배어 있는 데쓰카의 영향에서 벗어날 수 있을까, 하는 질문을 했다는 사실 자체가 데쓰카의 영향이 엄청나게 부담스러웠음을 의미하는 것"이라고 밝히기도 했다. 고등학교 시절부터 만화가가 되기로 결심한 미야자키 하야오의 마음을 사로잡은 결정적 작품은 1958년 극장에서 개봉한 〈백사전白蛇傳〉이었다. 동양의 월트 디즈니를 꿈꾸던 도에이동화에서 제작한 극장용 애니메이션 〈백사전〉을 본 고 3 수험생 미야자키는 만화가의 꿈을 접고 애니메이션으로 방향을 돌렸다.

명문 대학인 가쿠슈인學習院대학 정치경제학과에 입학한 미야자키 하야오는 1963년 졸업한 후 〈백사전〉을 제작한 도에이동화에 취직한다. 회사 근처 아파트로 이사한 미야자키 하야오는 3개월간의 연수를 마친 뒤 〈늑대 소년 켄〉과 〈멍멍 충신장〉에 가장 기초 파트인 동화 담당으로 애니메이션 제작에 참여한다. 다음 해인 1964년, 그의 일생에 가장 탁월한 파트너인 다카하타 이사오가 부위원장이 된 노동조합에서 서기로 일하기도 했다. 이후 미야자키 하야오는 다카하타 이사오가 연출을 맡은 극장판 장편 〈태양 왕자 호루스의 대모험〉에 스태프로 참여한다. 1968년 근 3년 만에 힘겹게 완성된 〈태양 왕자 호루스의 대모험〉은 극장 개봉에서 참패하고 말았다. 1971년 미야자키 하야오는 다카하타 이사오와 함께 A프로로 이직했고, 2년 뒤 다시 즈이요영상으로 자리를 옮겨 〈알프스의 소녀 하이디〉, 〈엄마 찾아 3만리〉, 〈빨간 머리 앤〉 등 다카하타 이사오가 연출한 명작 극장 시리즈에 메인 스태프로 참여하며 자신의 스타일을 완성했다. 1978년 미야자키 하야오는 자신의 첫 번째 TV 시리즈 연출작 〈미래 소년 코난〉을 발표했다. 〈미래 소년 코난〉에는 파괴되어 물로 뒤덮인 근 미래의 지구, 자신의 야망을 위해 지구를 멸망시킨 문명의 힘을 찾아내려는 야심가, 소년과 소녀, 자연 공동체에 대한 희망 등 그의 작품에서 만날 여러 세계가 폭넓게 포진해 있었다. 그리고 무엇보다 재미있었다. 〈미래 소년 코난〉의 성공은 1979년 극장용 〈루팡 3세 칼리오스트로의 성〉, 1984년 〈바람계곡의 나우시카〉, 1986년 〈천공의 성 라퓨타〉, 1988년 〈이웃집 토토로〉, 1989년 〈마녀 배달부 키키〉, 1992년 〈붉은 돼지〉, 1997년 〈모노노케히메〉, 2000년 〈센과 치히로의 행방불명〉, 2004년 〈하울의 움직이는 성〉으로 이어졌다.

에도도쿄박물관
옥상원에 떠있는 동경의 역사.

같지만 다른 그 도시 도쿄

또 일본이다. "지겹지 않아?"라고 묻는 사람들도 있다. 2002년 여름 만화박물관 탐방 이후 일 년에 몇 번은 일본에 간 것 같다. 2002년 겨울에는 학생들과 함께 오사카, 도쿄 코스로 일본에 갔다. 여기에는 박인하 혼자. 그리고 2003년 봄에는 역시 오사카, 도쿄 코스를 학생들과 함께 갔다. 여기에는 최호철 혼자. 그리고 2004년에는 함께 도쿄에 갔다.

도쿄의 첫인상은 서울과 비슷하다. 이란성 쌍둥이가 아닐까 하는 생각도 든다. 처음 도쿄를 찾은 이들이 가장 많이 말하는 것 중 하나는 "차가 반대로 다니는 것만 제외하고는 서울과 진짜 꼭 닮았다"이다. 나도 처음 도쿄를 찾았을 때 그런 느낌이었다.

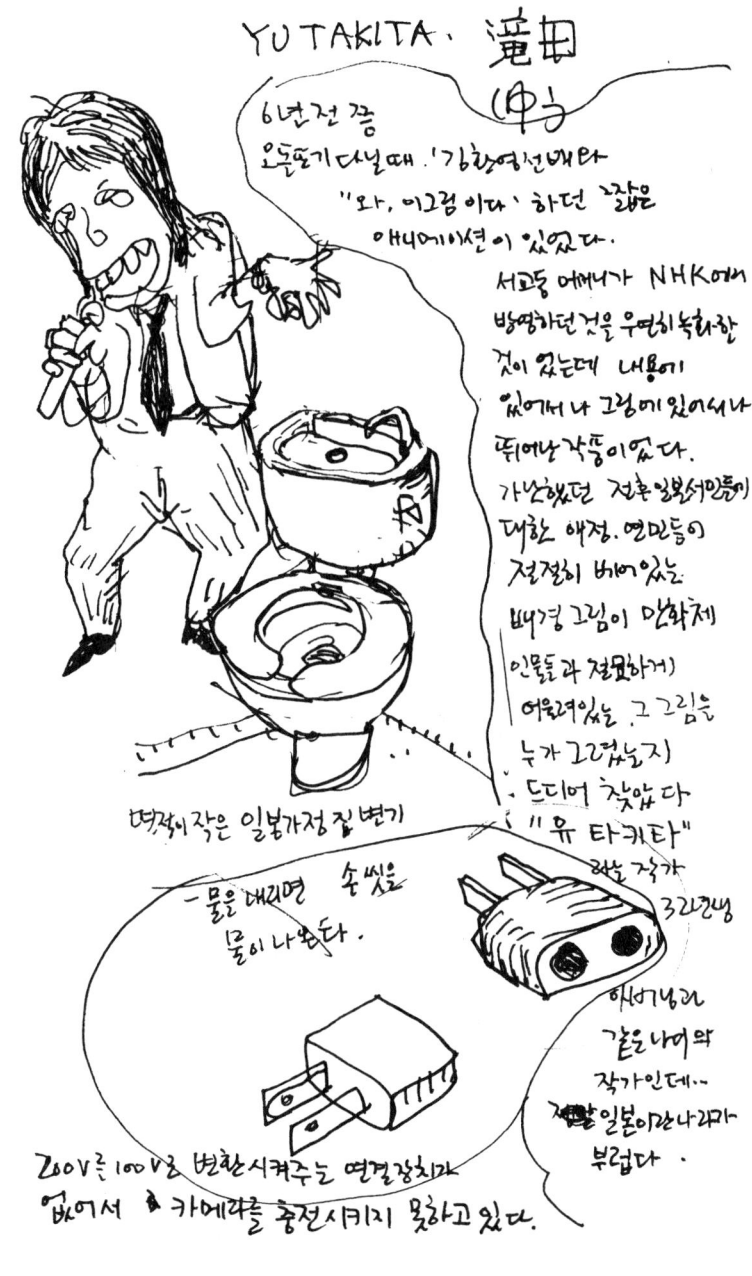

나리타공항에 내려 시내로 들어가는 버스를 타고 바라본 풍경은 차가 반대로 가는 것만 빼놓고 한국이랑 비슷하다는 것. 하지만 더 가까이 가서 바라본 풍경은 오히려 한국과는 많이 다른 일본, 도쿄만의 소소한 특징이 살아 있었다. 가장 놀라운 것은 상이한 요소의 공존이었다. 거대한 마천루 옆에 고풍스러운 신사가 자리 잡고 있었고, 그들의 천황을 신으로 모신 신궁으로 들어가는 작은 다리에는 눈 밑에 검은 칠을 하고 검은 옷에 번쩍이는 줄을 두른 코스튬플레이어가 가득했다. 어디 그뿐인가? 다섯 명이면 꽉 차는 낡은 가게와 커다란 프랜차이즈 식당이 공존했다. 도심 중심부에 고즈넉한 황궁이 있고, 그와 반대로 시부야나 신주쿠에는 사람들로 넘쳐났다. 신주쿠나 긴자, 시부야에는 거대한 백화점이 즐비하지만, 평범한 동네로 가면 작은 식료품점이나 청과상회, 주류 판매점이 있고, 최소한 50년은 넘은 것 같은 목조 건물과 멋진 노출 콘크리트 건물이 어깨를 나란히 하는 곳이 도쿄다. 쉽게 접근할 수 있는 박물관이나 미술관에는 세계적 작품들이 컬렉션되어 있고 전시장마다 관람객이 넘쳐난다. 도심 곳곳에 흩어져 있는 장난감 가게나 만화 전문점에서는 서브 컬처가 소비된다.

전 세계 여행자들의 친근한 벗인 〈론리 플래닛〉은 도쿄에 대해 "현대 소비문화의 광폭한 질주가 보여주는 추함과 오랜 전통에서 이어져 내려오는 고요함, 섬세함이 공존하며 긴장과 모순을 이루는 수수께끼이자 불가사의한 도시"라고 결론을 내렸다. 나도 〈론리 플래닛〉의 결론에 동의한다.

첫 방문 시 들러본 곳은 오다이바와 긴자, 신주쿠, 메이지 신궁과 하라주쿠. 어느 가이드북에서든 빼놓지 않는 곳들을 둘러보고는 마치 일본을 다 보았다고 생각했다. 하지만 사실 더 매력적인 도쿄는 가이드북에 적힌 도쿄가 아닌 그냥 그곳에 있는 도쿄였다.

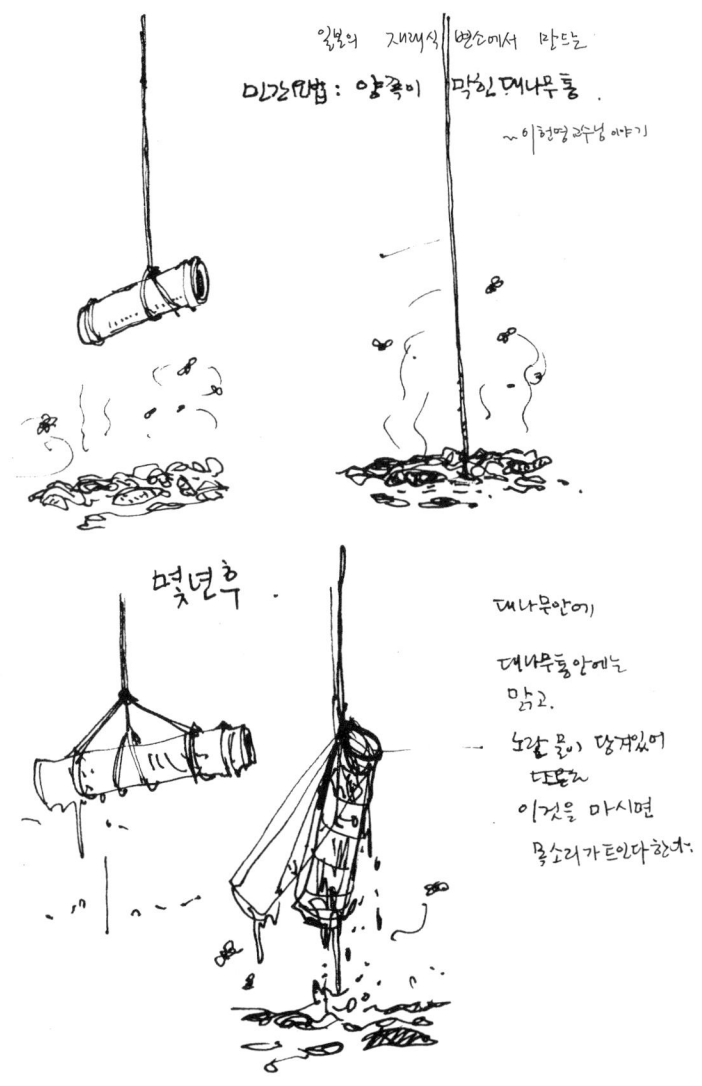

일본의 길

우리나라와 일본은 참 비슷한 점이 많은 나라다. 특히 사회 시스템이 그러하다. 그도 그럴 것이 메이지 유신 이후 서구의 사회·경제 시스템을 도입한 일본이 1910년 당시 대한제국을 강제 점령하고 필요에 의해 자신들이 도입한 근대 시스템을 이식했기 때문이다. 메이지 유신 이후 혼돈을 통해 정비한 자본주의 시스템을 식민지에 안성맞춤으로 옮겨놓은 것이다. 게다가 5·16 쿠데타 이후 수십 년간 권력을 잡은 군인들이 모두 일본 군대에서 교육을 받은 인사 아니던가. 일본에서 교육을 받은 인사들은 근대 대한민국의 한 축을 이룬 미국산 지식인들과 함께 권력의 중심부, 이너 서클inner circle을 이루며 자신들에게 익숙한 시스템을 이식해온 것이 우리의 현실이다. 그리하여 일본은 우리에게 너무나 익숙해져버렸다. 오랜 기간 사회주의를 통해 고립된 탓에 생경하게 느껴지는 중국과 달리 일본은 친숙한 나라다.

그런데 그런 일본에서 이곳이 외국임을 느끼게 하는 풍광이 있으니 바로 우리와 다른 차로車路다. 우리는 우측통행이지만, 일본은 좌측통행이다. 차가 우리와 반대로 다닌다는 말이다. 일본에 처음 간 한국인들이 횡단보도를 건널 때 무의식적으로 왼쪽으로 고개를 돌리면, 다른 차선에서 차가 달려 오고 있어 깜짝 놀라기 마련이다. 처음에는 이 모습이 마냥 신기했다. 그러나 하루 이틀 지나면 익숙해지기 마련. 그다음에 보이는 풍광은 한국 대도시의 그것과는 다른 작고 좁으며 어디로든 연결되어 있는 길이다.

왕복 6차선은 기본, 8차선, 10차선, 12차선도 심심치 않게 볼 수 있는 직선도로 중심의 한국 길과 달리 일본의 길은 보통 왕복 2차선, 4차선, 넓어야 6차선이다. 시내 중심 도로도 왕복 2차선이 주를 이루다 보니 차들이 꼬리에 꼬리를 물고 달린다. 게다가 그 길이 생각보다 넓지 않아 양쪽 차가 교행할 때면, 누군가가 양보해야 하는 곳도 많다. 경차의 비율이 높다는 것 또한 우리와 다른 일본의 모습이다. 중·대형차가 가득 찬 우리나라 도로와 달리 일본의 도로에는 개성 있고 다양한 경차가 가득하다. 네모난 박스처럼 생긴 닛산 큐브나 기하학적 뒷모습을 자랑하는 도요타 윌처럼 다양한 디자인의 작고 예쁜 차를 구경하는 재미도 쏠쏠하다. 이 두 차는 우리나라에서도 가끔 볼 수 있는데, 이 둘을 '경차'라고 소개하기도 하지만 사실 1000cc가 넘는 소형차다.

우리나라에서는 1000cc가 경차의 기준이지만, 일본은 600cc가 경차의 기준이다. 효율이 최고인 작고 가벼운 600cc급 경차들. 그야말로 귀엽다. 그런데 일본에서는 600cc 미만 경차 보급률이 20퍼센트가 넘는다. 판매 비율도 지속적으로 늘어, 2000년 경차와 소형차의 판매율은 31.4퍼센트, 45.6퍼센트였지만 2006년에는 35.3퍼센트, 49.5퍼센트로 증가했다. 중·대형차를 선호하는 우리와 크게 다른 양상이다.

작은 도로에서 맵시 나게 돌아다니는 경차들을 보고 있으면 여기가 우리나라와 다른 나라라는 것을 실감하게 된다. 작고 아름다운 색색의 차들이 좁고 구불구불한 길을 가지런히 누비는 모습은 매우 전형적인 일본의 풍광이다. 이 모습이 그대로 축소되어 나타난 곳이 '회전 초밥집'이다.

일본의 수많은 먹을거리 중에서 여행자를 가장 설레게 하는 것은 '초밥'이다. 초밥은 우리나라 사람들의 입맛에도 잘 맞고, 물론 나의 동행자도 좋아해 일본에 갈 때마다 초밥 전문점을 찾곤 한다. 가장 인상적인 초밥 전문점은 지난 2002년 방문한, 신주쿠의 조그맣고 허름한 초밥집이다. 당시 처음으로 열린 도쿄아니메페어를 참관하기 위해 일본을 찾았는데, 한국예술종합학교의 박세형 교수님과 함께 저녁을 먹기 위해 들른 곳이 그 초밥집이었다. 위치도, 상호도 다 기억에서 사라졌지만 능숙해 보이는 중년 요리사가 우리가 고른 메뉴를 능숙하게 쥐여주는 모습만은 아직도 뇌리에 남아 있다. 붉은 살 생선인 참치류보다는 흰 살 생선인 도미와 광어, 등 푸른 생선인 고등어와 학꽁치 초밥이 기억난다. 사실 난 그때까지만 해도 '고등어'나 '학꽁치' 같은 생선이 초밥 재료가 된다는 사실을 알지 못했다. 하지만 싱싱한 등 푸른 생선이 주는 비릿한 맛은 한 잔의 정종과 잘 어우러졌다. 〈맛의 달인〉 속 표현을 빌리자면, '쌀 한 톨 한 톨 사이에 적당한 틈이 있고 그 틈이 골고루 펴져 있다. 초밥이란 건 밥알 사이에 적당한 공기가 있어야 혀 위에서 부드럽게 씹히고 재료와의 조화도 이상적'이다.

하지만 그 뒤로 신주쿠의 작은 초밥집에 다시 가보지 못했다. 주로 간편한 회전 초밥집을 선호한다. 무엇보다 가격이 저렴하고 초밥 그릇이 휘휘 돌아 나오는 게 재미있기 때문이다. 보통 회전 초밥집은 저가로 승부하지만 어느 정도 가격을 받는 곳들도 많다. 일본 도심 재개발의 상징 롯폰기힐스 지하에는 여러 식당가가 자리 잡고 있는데, 이곳의 회전 초밥집들은 나름대로 한 고급 한다. 모리미술관에 들러 전시를 보고 회전 초밥집에 들렀는데, 희한하게 똑같은 메뉴만 그릇에 담겨 나오는 것 아닌가. 게다가 먹음직스러운 접시에는 '번호표'가 붙어 돌아다녔다. 알고 봤더니 메뉴판을 보며 먹고 싶은 것을 직접 주문해야 하는 시스템. 최호철 선생이 참치가 먹고 싶다며 '마구로 마구로'를 외쳤다. 이런. 한 번만 외쳐야 하는 것이었는데. 외친 수만큼 뻘건 참치 뱃살이 접시에 담겨 회전판 위를 돌고 있었다. 민망하게도.

고급 회전 초밥집이 아니라 보급형 저가 회전 초밥집은 대개 규모로 승부한다. 한 접시에 무조건 100엔 하는 초밥집도 많다. 이런 초밥집은 일단 회전 레일의 곡선이 유려하고 멋지다. 이 레일에 다양한 초밥이 줄줄이 열을 맞춰 이동하는데, 그 모양이 딱 일본의 길 같다. 작고 복잡하지만 끝까지 이어져 있고,

그 길에 맞는 작은 차들이 줄을 서 다니는 시스템. 회전 초밥집과 복작거리지만 정리된 일본 거리는 복잡한 동시에 단순한 일본의 모습이었다.

또 도쿄

2005년 수학여행은 아마 학생들과 함께 간 일본 여행 중 최고의 하이라이트였을 것이다. 도쿄에서 센다이에 들렀다가, 후쿠시마에 들러 전통 여관 체험을 하고 한국에 돌아오는 코스였다. 좋은 코스에 적정한 가격을 맞추기 위해 우리는 영업을 해야 했다. 사람이 많아질수록 단가는 낮아진다는 법칙. 학생들의 부담을 덜기 위해 우리는 마구잡이로 호객 행위에 나섰다. 그 결과 정철, 전진석, 김낙호 선생이 합류했다. 우리도 힘을 보탰다. 아이들을 데려 가기로 한 것. 졸업생들도 부르고, 아무튼 영업에 힘쓴 결과 목표 인원을 채웠다.

해냈다. 영업 만세!

도쿄에 들러 바로 차를 타고 오다이바로 갔다. 오다이바에서 후지테레비사에 들어갔다. 그동안 오다이바에 여러 번 왔어도 한 번도 들르지 못한 곳. 두 개의 건물 사이에 동그란 구가 있는, 특촬물이나 SF에 나옴직한 그 건물. (물론 괴물이 나와 때려 부수는 용도의) 그 건물에 올라가 해맑게 기념 촬영을 하고, 캐릭터 상품을 샀다. 대박은 그다음. 오다이바의 토이저러스 매장에 들렀다.

이럴 수가! 이렇게 많은 장난감이!

장난감에 제법 냉담한 최호철 선생만 평상심을 유지하고, 나와 다른 선생들, 그리고 우리 학생들은 바구니에 정신없이 이것저것 쓸어 담았다. 차에 탄 우리는 해맑게 다스베이더 가면을 쓰고, 서로 피겨를 보여주며 시내 숙소로 향했다.

다음 날 지브리미술관에 들렀다. 이미 몇 번 와본 적이 있었는데도 가슴이 두근거렸다. 이것이 지브리의 힘! 그런데, 그런데 지브리에도 지브리 캐릭터 상품을 파는 숍이 있었던 것. 역시 문구용품 오타쿠인 최호철 선생을 제외

하고 우리 모두 그 안에 풍덩 빠지고 말았던 것.

시내로 들어와 하라주쿠와 메이지 신궁에 갔다. 메이지 신궁은 일본인을 이해하는 암호가 숨어 있는 공간이다. 일본 어디를 가더라도 신들을 모신 신사가 있다. 신사는 보통 숲과 함께하는데, 도쿄를 하나의 거대한 마을로 봤을 때 신의 숲이 바로 메이지 신궁이다. 1920년에 건립되었다가 제2차 세계대전 당시 공습으로 파괴된 후 1958년 민간인들의 기부금으로 다시 지어진 곳이다. 이 메이지 신궁의 가장 큰 매력은 거대한 숲. 도심 한복판에서 거대한 숲을 산책할 수 있는 긴 진입로는 신앙과는 상관없이 일본다움을 만끽할 수 있는 명상의 장소다. 항상 관광객으로 붐비지만, 워낙 규모가 크기 때문에 여유롭게 산책을 즐길 수 있다. 숲길을 한참 걸어가면 거대한 도리(鳥居, 신사 입구에 서 있는 기둥)가 나온다. 높이가 무려 12미터나 된다는데, 나무는 대만산이라고 한다. 도리를 지나 걸으면, 왼쪽에 메이지진구교엔明治神宮御苑이 나온다. 일본 정원의 아름다움을 감상하기 좋은 곳이라고 하는데, 가본 적은 없다. 첫 번째 도리를 지나면 술 제조가들을 위한 거대한 술통이 있다. 아! 일본 술! 니혼슈! 일본 술은 쌀을 발효시켜 만든 술로, 일본에서는 사케라고 불리나(이건 술이라는 뜻) 니혼슈가 정식 명칭이다. 술을 빚는 쌀을 어떻게 정미하는가, 어떻게 주조하는가에 따라 다양하게 나뉘는데, 다이긴조슈大吟釀酒, 긴조슈吟釀酒, 준마이슈純米酒, 혼조조슈本釀造酒, 후쓰슈普通酒 등으로 구분된다. 우리가 보통 말하는 사케는 준마이슈 이상으로 알코올을 섞지 않는 술을 뜻한다. 사케는 차갑게도, 뜨겁게도 마신다. 사람마다 다르지만, 뜨거운 사케가 더 빨리 취하는 것 같다. 한국의 고급 일식집에서 비싸게 마시는 사케를 일본 어디에서나 마실 수 있다. 특히 술을 파는 편의점(술 '酒'자가 붙어 있는 곳)이나 주류 판매점(딱 보면 안다. 동네마다 있다)에 가면 저렴하고 맛 좋은 사케를 살 수 있다. 기왕이면 준마이슈 이상으로 마셔보자. 아무튼 메이지 신궁 입구에는 좋은 술을 빚게 해달라는 뜻으로 각 양조장의 술통이 걸려 있다.

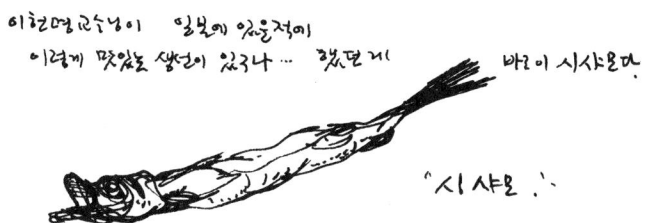

이호면군수님이 일본에 있을적의 이렇게 맛있는 생선이 있구나... 했던 거(바로 시샤모다

"시샤모."

겨울에 일본간 보일러가 없기때문에 난로를 켜놓고 천장돌이 난로위에 이고기를 얹혀놓고 구우면서 정종을 데워먹은 그맛이란!...

인위적인, 너무나 인위적인

셋째 날 일정은 에도도쿄박물관. 둘 다 좋아하는 곳이지만, 이미 몇 번 봤기 때문에 과감히 일정을 생략하고 함께 간 아이들을 위해 도쿄 디즈니랜드로 향했다.

세상에서 가장 인위적인 공간, 그것도 오로지 기쁨과 즐거움을 주기 위해 만든 공간이 테마파크일 것이다. 두 '만화쟁이' 모두 테마파크를 좋아한다. 하지만 격렬한 롤러코스터는 못 탄다는 거. 결국 덜 무섭고 명백한 이야기가 있는 테마파크를 좋아할 수밖에. 테마파크와 놀이공원을 구분하는 방법은 공원 전체에 분명한 이야기(테마)가 있으면 테마파크이고, 예쁘고 잘 꾸민 정원을 자랑하거나 다양하고 격렬한 놀이 기구가 있으면 놀이공원이다 (이것이 나의 구분법이다!). 때문에 '롯데월드'나 '에버랜드'는 모두 '놀이공원'에 가깝다. 그 안에 사람의 마음을 사로잡는 강렬한 이야기가 없기 때문이다. 테마파크의 선두 주자는 미국의 디즈니랜드다. 디즈니랜드는 미키마우스, 백설 공주, 도날드 덕, 구피 등 수많은 히트 캐릭터를 보유한 디즈니

가 설립한 테마파크로, 1955년 캘리포니아 애너하임에서 오픈해 전후 미국의 오락 산업을 이끌어갔다. 이어 디즈니는 플로리다 주 올랜도에 디즈니월드를 세웠고, 도쿄에 도쿄 디즈니랜드를, 파리에 파리 디즈니랜드를 세웠다. 또 도쿄 디즈니랜드 바로 옆에 더 집중적으로 '바다'를 테마로 한 디즈니 시 Disney Sea를 오픈했다. 디즈니랜드는 그야말로 테마파크의 원조이자 대명사이다.

격렬한 놀이 기구보다는 재미있고 아기자기한 탈거리와 분위기를 좋아하는 두 만화쟁이가 이곳을 빼놓을 수는 없는 일. 2002년 9월 4일 개장한, 가장 가까운 곳에 있는 테마파크인 도쿄 디즈니 시를 찾았다. 지하철역에서 내려 다시 도쿄 디즈니 리조트 안을 도는 순환 모노레일을 타고 찾아간 도쿄 디즈니 시. 우선 이 모노레일부터 강력하다. 창의 모양, 손잡이도 모두 익숙한 미키마우스다. 거대한 지구본을 지나 들어가니 각 섹션별로 이야기가 구성되고 개별 테마에는 놀이 기구, 레스토랑, 기념품 숍이 차례대로 구성된다.

도저히 돈을 안 쓰고 배길 수 없는 일. 〈해저 2만 마일〉에서 보여준 탁월한 심해 풍광과 머메이드 라군 섹션에서 보여준 짧은 뮤지컬 〈언더 더 시〉는 그야말로 환상적이다. 하루 종일 돌아다녀도 즐거운 디즈니 시의 힘은 1955년부터 축적된 테마파크의 노하우에서 시작된 것. 걸어 다녀도 피곤하지 않도록 평지에 배치된 동선, 탁월한 기획력과 난이도를 조절해 가족 모두가 즐길 수 있도록 만든 놀이 기구까지. 그리고 이미 디즈니의 세계에 동화된 프로페셔널한 종업원들까지 모두 철저한 매뉴얼에 의해서 움직인다고 한다. 디즈니 시도 좋았지만 두 명 모두 이구동성으로 환호를 보낸 곳은 오사카에 있는 유니버설 스튜디오 저팬. 줄여서 USJ다(오사카 사람들은 모두 USJ라고 부른다!). 이곳은 디즈니에 맞서는 메이저 테마파크의 아시아 전진 기지. 디즈니 리조트가 대부분 디즈니의 애니메이션 콘텐츠를 기본 소스로 한다면 USJ는 익숙한 영화에서 테마를 뽑아낸다. 그러니 흥미로울 수밖에. 이

환상적인 무비 테마파크에 가면 'E.T.'와 함께 자전거를 타고 거대한 숲을 날아갈 수도 있고, 〈터미네이터〉의 다른 이야기를 볼 수도 있으며, 배를 타고 '죠스'와 만날 수도 있고, '쥬라기 공원'에 들어가 거대한 티라노사우루스를 볼 수도 있다. 대단한 것은 4D 기술을 활용한 '백 투 더 퓨처 더 라이드'와 '어메이징 어드벤처 오브 스파이더맨 더 라이드'다. 이 친숙한 할리우드 블록버스터 영화에 직접 동승하는 것. 드로이안을 타고 박진감 넘치는 시간 여행을 하고, 엄청난 스피드로 뉴욕 빌딩가를 누비는 스파이더맨이 되는 것이다. 그러나 테마파크는 하룻밤의 백일몽 같은 것. 길게 늘어선 줄에서 짧게는 몇십 분을 기다리고 나서 몇 분의 시간을 즐기며 거대한 공원 내부를 걸어 돌아다니면 남는 것은 피곤함뿐. 그런들 어떠랴, 이 인공의 세계가 너무 좋은 것을.

산책의 도시

정구미라는 재일교포 2.5세 만화가가 있다. 재일교포 2세인 아버지와 한국인 어머니 사이에서 태어나 교토사가예술대학에서 일본화를 전공한 후 한국에 유학 와 홍익대 미술대학에서 시각디자인을 전공했다. 자신을 일본인이라 생각한 그가 한국에 와 일본과 한국의 이야기를 만화로 그려 자신의 홈페이지(www.koomi.net)에 올렸고, 이 만화는 〈한국·일본 이야기〉라는 제목으로 출간되어 큰 인기를 얻었다. 아무튼 간사이 지방(오사카, 교토가 속한 지방)에서 태어난 저자가 일러스트와 만화로 된 일본 여행 책 〈오사카·고베·교토〉(안그라픽스)를 냈다.

가장 쉽고 친근한 일본 여행서인 이 책을 보면 교토를 소개할 때만 다른 지역과 달리 세 가지 '산책' 코스를 중심으로 서술한다. 교토의 참맛을 느끼려면 급하게 관광지 다니듯 둘러보지 말고 천천히 거리를 걸으며 거리, 담벼락, 기와, 수로 등으로 이어진 고즈넉한 교토의 향취를 느껴야 한다는 것이다. 그렇다. 교토는 산책의 도시다. 유명한 곳도, 유명하지 않은 곳도 좋다. 처음 교토에 들른 1997년, 교토 외곽에 위치한 교토세이카대학의 게스트 하우스에서 잠을 잤다. 아침에 일찍 일어나 게스트 하우스를 나와 작은 전찻길을 건너 마을로 향했다. 마을에는 숲이 있고, 숲에는 신사가 있었다. 사람들은 넉넉하게 아침 산책을 나왔고, 낯선 나를 보고 웃어주는 여유도 있었다. 처음 교토에 갔을 때나 가장 최근에 갔을 때도 모두 늘 교토는 그대로 변하지 않고 오래전의 향취를 품고 있었다. 비록 화려한 기온 거리의 스타벅스에서 에스프레소 한잔을 마시더라도 말이다.

개인적으로 내가 제일 좋아하는, 또 여러 여행서에서 빼놓지 않고 권하는 교토 여행의 백미는 기요미즈데라清水寺다. 기요미즈데라라고 불리기도 하고, 청수사라고 불리기도 한다. 세계문화유산이자 일본의 국보가 자리 잡

백발의 할아버지.
정장을 똑똑하게
교복처럼 입은 때 모습.
일찍 서양에 문을 열어서 일까

일본사람들은 대개
양복을 교복처럼
입고
행동도 자신이 입은
옷에 맞추려 하는듯이
보인다

은 이곳은 산중턱 절벽에 있는 대웅전이 환상적 아름다움을 뽐낸다. 교토의 건축물은 전국 시대 무장들의 사연과 함께하는 곳이 많다. 도요토미 히데요시의 명복을 빌기 위해 히데요시의 정실 부인 '오네네'가 지은 고다이지高台寺나 도쿠가와德川 가문의 권세를 상징하는 니조성二條城이 모두 그렇다. 그게 아니면 천황과 관련 있는 곳들이 대부분이다. 반면 기요미즈데라는 특별히 내세우는 영웅도, 천황과의 관계도 없다.

기요미즈데라에서 제일 매력적인 곳으로 알려져 많은 사람들이 모이는 공간은 본당 앞 139개의 나무 기둥이 떠받치고 있는 부타이舞臺다. 교토 시내가 한눈에 보이는 전망을 앞에 두고 뒤로는 1633년에 재건된 일본의 국보인 기요미즈데라 본당이 있으니 교토의 역사는 물론 현재의 풍광까지도 한 번에 감상할 수 있다. 늘 사람이 붐비는 이곳에는 최소 10퍼센트 정도의 외국인들이 북적거린다.

'순로順路'라 적힌 푯말을 따라 내려가면, 누레테칸논濡れ水觀音이 나온다. 돌기둥 아래 서 있는 작은 관음상. 여유 있는 표정이 아름답다. 부타이말고 사람들이 제일 많이 북적이는 곳에는 오토와 폭포가 있다. 오토와 산에서 내려오는 약수를 받아 마시려는 줄이 길다. 어디서든 줄 서기 좋아하는 일본인들은 여기에서도 줄이다. 오토와 폭포를 돌아 내려오면 기요미즈데라 입구가 나온다. 그리고 번잡한 선물 가게 통로를 지나 우측 언덕길로 내려가면 여기서부터 교토에서 가장 매력적이고 번잡한 언덕길 산넨자카三年坂와 니넨자카二年坂가 이어진다.

산네자가, 내네자가 골목에서 길을 잃다

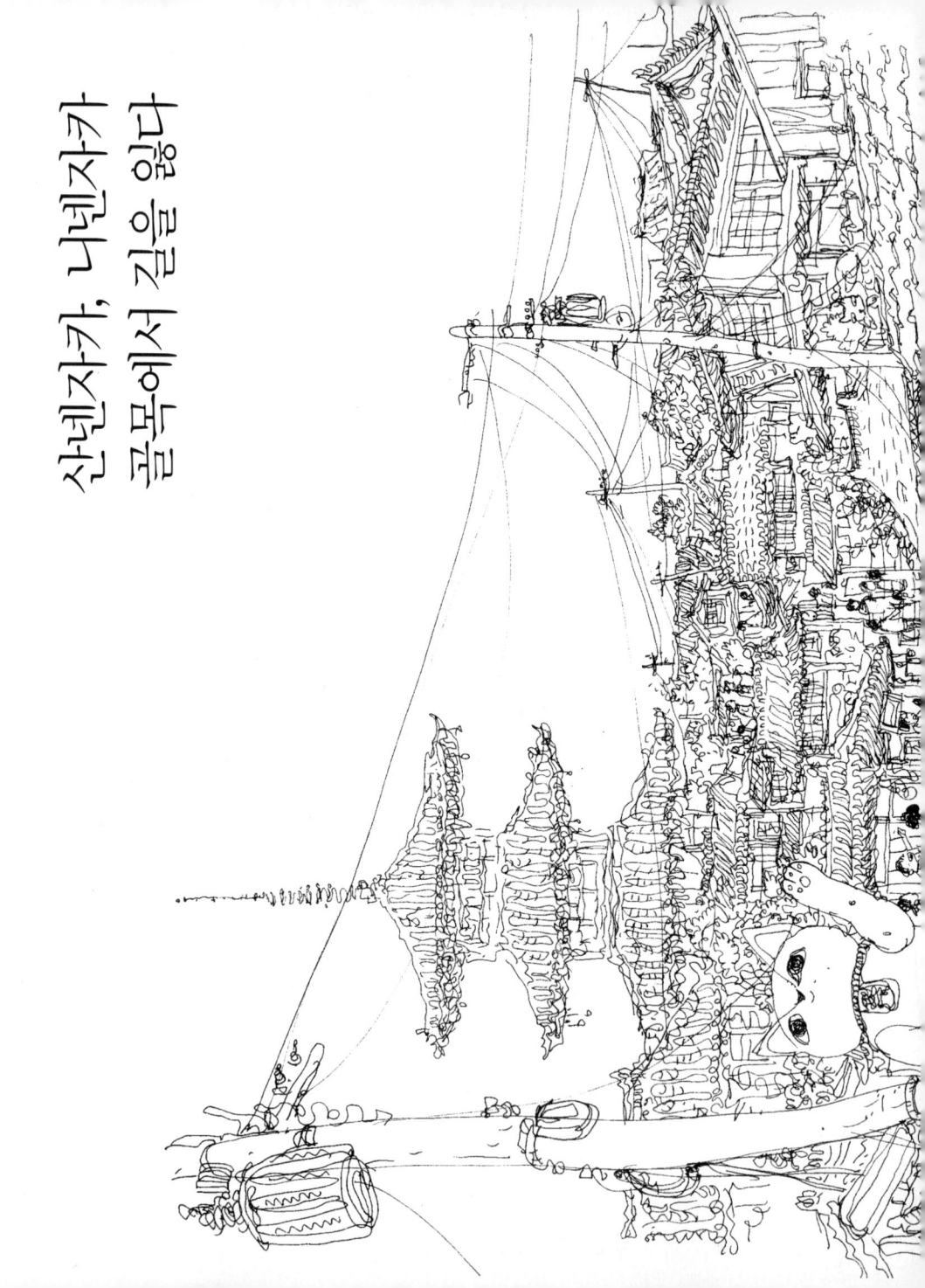

아마도 교토 마쯔리에
참가한뒤 귀가 하려고
오사카행 특급열차에 탑승한
일본할아버지..
전통의상에 모자..
그리고 행사에 썼음직한
기다란 물건을 정성스레
포장한것도. 들고 있었다

1997년. 처음 일본을 방문한 나는 함께 간 일행과 교토 관광에 나섰다. 만화가이거나 아니면 만화 기획자인 우리 일행은 당시 일본에서 유일하게 만화과가 개설된 교토세이카대학을 방문했던 참이었다. 지금도 생생하게 기억나는 것은 교토 시내의 '북오프'에서 중고 만화책을 잔뜩 사 들고 낑낑거리고 걸어온 길이다. 큰길에서 버스를 내려 힘들게 걸어 올라가니 시공간을 거슬러 올라간 세계가 펼쳐졌다. 그때의 경이로운 감정은 지금도 그대로 생생하다. 도대체 어떻게 이렇게 그대로 옛것이 보존될 수 있을까? 좁은 언덕길에 좌우로 길게 뻗은 그 풍광은 이후 일본 하면 떠오르는 이미지가 되었다. 버스에서 내려 걸어 올라가도 좋지만, 사람이 많다면 택시를 타는 호사를 부려도 괜찮다. 그리 큰 도시가 아니기 때문에 몇천 엔이면 택시를 탈 수 있다. 네 사람을 꽉 채운다면, 시간도 아끼고 택시 경험도 할 수 있고, 또 기사와 대화를 나누는 잔재미도 느낄 수 있다. 그러나 가끔 못된 일본어 발음 때문에 엉뚱한 곳으로 가기도 하니 주의할 것. 특히 은각사와 금각사를 발음할 때는 항상 주의(긴과 킨으로 금과 은이 달라진다)!

택시를 타면 바로 기요미즈데라 입구에 내려준다. 아낀 체력은 기요미즈데라에서 산넨자카와 니넨자카를 거쳐 레이잔靈山 앞의 거대한 불상 레이잔칸논靈山觀音을 보고 도요토미 히데요시의 부인 오네네가 축성한 절 고다이지高台寺를 거쳐 야사카진자八坂神社, 지온인知恩院과 헤이안진구平安神宮로 이어지는 교토 산책 코스를 내달릴 수 있다. 직선 거리로 4킬로미터 정도이니 맘먹으면 하루에 돌 수 있는 코스로 교토의 매력을 한껏 느낄 수 있다.

역시 이 코스 중 으뜸은 산넨자카와 니넨자카다. 이 좁은 언덕길에는 양쪽으로 2층짜리 일본식 목조 건물이 즐비하다. 이 작은 건물마다 식당, 교토

명물인 쓰케모노(채소 절임)을 파는 가게, 찹쌀떡 가게, 과자 가게, 차와 과자를 먹을 수 있는 찻집, 작은 갤러리, 기념품 가게가 즐비하다. 특히 이 작은 가게들은 전통적인 일본의 풍광을 보여주는 거리와 너무나 잘 어울리게 정리되어 있다. 어느 관광지를 가나 똑같은 가게가 즐비한 우리나라와 비교해보면, 교토 산넨자카와 니넨자카는 전통을 어떤 식으로 보존해 상업화하는 것이 좋은가를 한눈에 보여준다. 커다란 간판이나 울긋불긋한 네온 사인도 없고, 작은 가게마다 제 개성이 분명한 이 거리는 세련된 동시에 소박한 일본의 여인네와 같다.

이 거리에서 느끼는 유일한 단점은 사람이 북적거린다는 것. 일본 최고의 관광지이니 전 세계와 일본 각지에서 온 관광객으로 늘 복잡하다. 그 때문에 시공을 초월한 고요한 사색은 불가능하다. 겉으로 보면 한없이 멋져 보이지만, 어쩔 수 없이 전형적인 기념품 상점도 꽤 많다. 하지만 산넨자카가 시작되는 언덕길에서 내려다보는 풍광은 일본을 대표하는 그것이다. 혹 여유가 된다면 적당한 식당을 골라 교토 요리를 즐겨보는 것도 괜찮다. 깔끔한 도시락에 담겨 나오는 일식 정찬은 비싼 가격만큼 멋진 흥취를 느끼게 한다.

오가사성앞 나무

달콤하기 그지없는 이탈리아
그리고 스위스

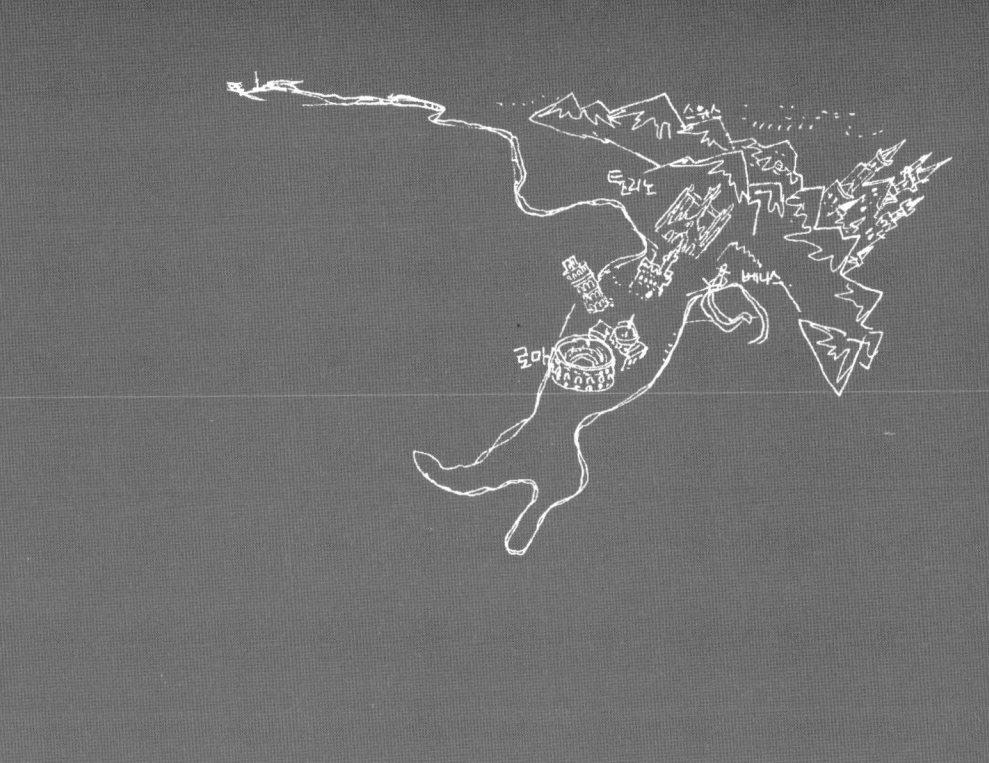

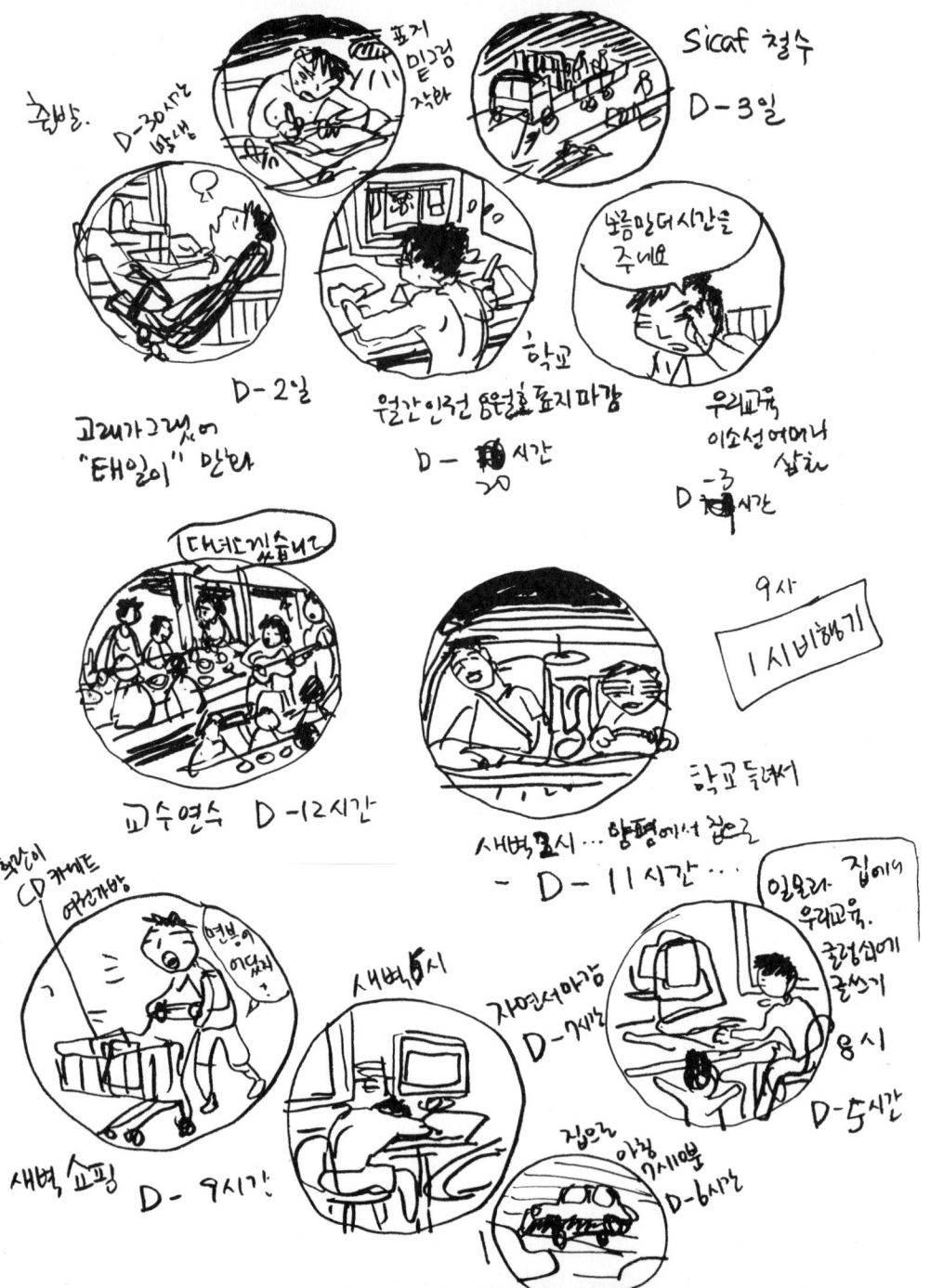

아침 8시반

D-4시간반

아이들 어린이집 보내려고
외한때나

한국시간으로 8시반... 러시아상공을 날고있다.
비행기 창문으로 본 & 세계

이탈리아는 현재 오후 1시반이고
4시간 반만 있으면 도착한다-
그쯤은 저녁시간이 되겠지.

뜬다.
창가에 앉다

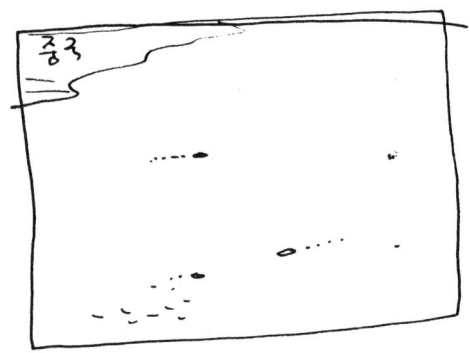

서해를 건널때 저멀리 중국땅이 보인다.
깨알같이 보이는 저 배들은
세상에서 가장 크다는 배들이겠지...

구름.. 하늘위에서

중록인거같은데 드넓은 벌판이 기가 막히게 정리되어있다. 사회주의 땅이라 그런걸까?

북경!

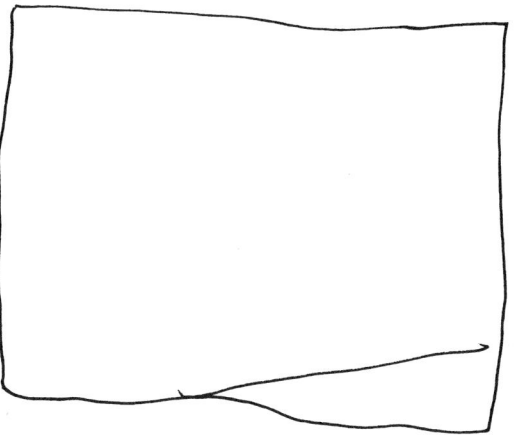

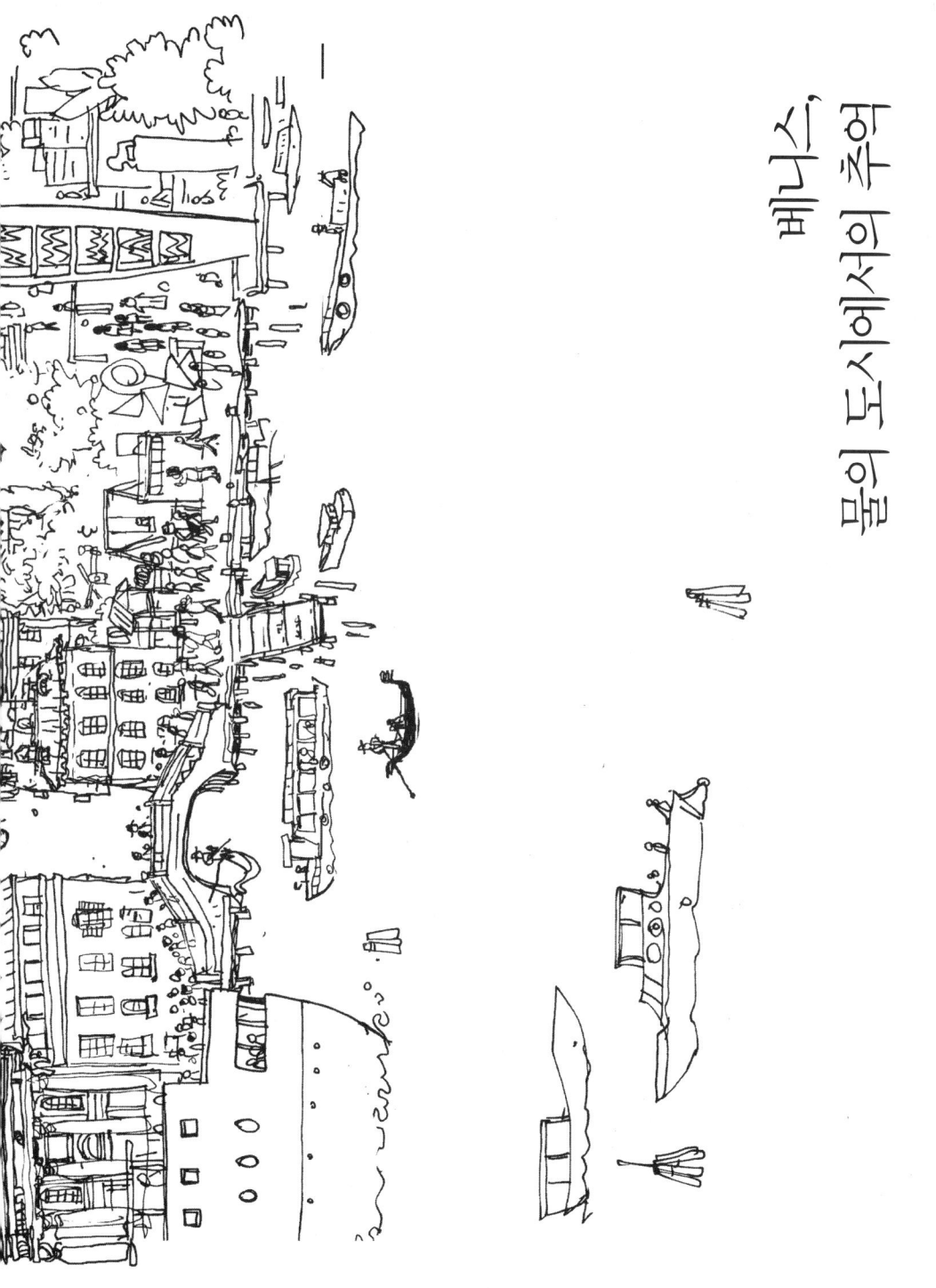

베니스,
물의 도시에서의 추억

2005년 여름이었다. 말로만 듣던 '베니스 비엔날레'를 참관하기 위해 로마행 비행기를 탔다. 김달진 선생이 조직한 '아트 투어'여서 미술계에 한 발을 걸치고 계신, 그리하여 무척 예술적인 분들과 일행이 되었다. 난생처음 가보는 이탈리아. 함께 간 최호철 선생은 처음이 아니라고 했다.

"동아건설에서 주관하는 미술대회에서 상을 받아서 리비아 건설 현장도 보고, 유럽도 돌아봤어요. 그런데 내가 상 타고 나니까 미술대회가 없어지더라고. 신한새싹만화상도 내가 상 받고 나서 없어졌는데."

"앗! 나도 그래요. 신춘문예가 내가 상 받고 난 다음 세 해가 지난 다음에 없어졌고, 저술 지원 사업도 내가 받은 다음에 없어졌고."

우리는 그렇게 시시콜콜하게 재수가 없는 것인지, 아니면 재수가 좋은 것인지에 대해 이야기하며 열 시간이 넘는 장도에 올랐다.

긴 비행을 마치고 로마에 도착해 기다리던 전세 버스를 탔다.

"이탈리아다!"

"로마다!"

생전 처음 와본 이탈리아. 완만한 구릉에 펼쳐진 로마의 모습은 경이로웠다. 길게 자란 소나무 가로수와 로마 시대의 성벽, 그 아래를 통과하는 좁은 아스팔트 길이 인상적이었다. 콜로세움이나 목욕탕 같은 로마 시대 건축물과 스쿠터가 공존하는 도시. 낭만적인 오드리 헵번의 도시에 온 것이다.

이렇게 두근거림으로 이탈리아 여행이 시작되었다. 다른 어느 여행보다 더 두근거렸던, 그래서 지금까지 거리의 풍경 하나하나가 사진 찍은 듯 생생이 생각나는 이탈리아 여행의 절정은 '물의 도시'라 불리는 베니스였다.

영어로는 베니스, 이탈리아 어로는 베네치아라 불리는 이 유명한 도시는 베네치아 만 안쪽에 흩어져 있는 크고 작은 섬들을 다리로 이어 만들어졌다.

루시앙 프로이드전···   — 누런하늘을 이렇게 많이 보다니.

딱부
누리들.
바라볼 일없네···

시선···
관찰력이
무섭다.

그래서 섬과 섬 사이 혹은 육지와 섬 사이, 그리고 섬 내부가 좁고 긴 수로로 연결되어 있다. 10세기 말 무역을 통해 번성한 이 도시에는 비잔틴풍 건축물과 고딕 건축물 등 중세의 멋진 건축물이 가득하다. 이곳은 14~15세기 해상무역의 중심지 노릇을 하며 베네치아 공화국으로 발전했다. 그 화려한 명성은 오늘에까지 이어져, 도시 전체가 살아 있는 미술관이다.

베니스 비엔날레는 세계 3대 비엔날레 가운데 하나로 1895년에 처음 시작된 유서 깊은 전시다. 우리가 베니스 비엔날레를 찾은 2005년은 첫 전시가 열린 지 110년이 된 해였다. '2년'이란 뜻을 지닌 '비엔날레biennale'라는 이탈리아 어를 고유명사로 만든 대표적 미술 행사로, 미술은 물론 건축, 영화까지 포괄하는 거대한 축제이다.

베니스 비엔날레 주 행사장엔 세계 주요국의 전시관이 있고, 이곳에서 각국의 유명 현대 예술가들의 작품을 만날 수 있다. 흥미로웠던 것은 독일관에 있는 티노 세갈Tino Sehgal의 작품. 전시를 보고 있으면, 어느 틈엔가 도우미들이 다가와 "This is so contemporary"라 말하고 춤을 춘다. 베니스 비엔날레에서 만난 현대미술은 그야말로 "This is so contemporary"였다. 거대하고 다양한 미술의 향연에 지치고 피곤할 때, 베니스는 햇빛에 반짝이며 잔잔히 흐르는 수로로 나를 위로했다. 그래, 이게 예술인가 아닌가가 중요한 게 아니라 내가 느끼는 느낌이 중요한 거야.

함께 간 최호철 선생은 마음의 휴식에 빠져 있는 나를 키키 스미스Kiki Smith 특별전, 루시앵 프로이드Lucian Freud 특별전을 보자며 끌고 갔다. 너무 많은 것을 본 베니스였다.

앤 공주의 로마, 그리고 나의 로마

2005년 여름 여행은 베니스 비엔날레를 참관하기 위한 것이었다. 앞서 이야기한 것처럼 미술계의 마당발이자 '자료통' 김달진 선생이 조직한 아트 투어여서, 단순히 베니스 비엔날레 참관으로만 끝나는 것이 아니라 로마에서 시작해 베니스, 친퀘테레, 피렌체, 제노바 그리고 스위스 필라투스를 거치는 꽤 멋진 여행 코스였다. 여행의 첫 코스는 로마. 인천에서 로마행 대한항공편으로 로마, 바로 그 로마로 날아갔다.

비행기 안에서 나는 아마도 여러 번 〈로마의 휴일〉이라는 영화가 나에게 어떤 영향을 주었는지, 내가 얼마나 그 영화를 좋아했고, TV에서 방영할 때마다 보는 것으로도 모자라 CIC에서 출시한 비디오를 청계천에서 사 왔다는 사실을 떠벌린 것 같다. 듣는 사람이 관심이 있건, 없건 나에게 '로마'는 오드리 헵번이 궁을 빠져나와 머리를 쇼트커트로 자르고, 그레고리 펙과 스쿠터를 타고 로마 관광지 여기저기를 돌아다니는 딱 그 모습이었다. '로마' 하면 지금은 '위닝11'이라는 게임에서 종종 함께 게임을 하는 AS로마라는 축구팀이 먼저 떠오르지만. 스무 번도 넘게 봐 눈앞에 생생한 그 로마. 정말 로마는 〈로마의 휴일〉에 나온 그대로일까? 1953년, 오드리 헵번이 귀엽고 청순한 매력을 발산하던 바로 그 로마. 그레고리 펙이 운전하는 스쿠터 베스파에 함께 타고 낡은 건물과 그보다 더 오래된, 돌로 된 길을 내달리던 그 로마. 거짓을 말하면 손이 잘린다는 그레고리 펙의 말에 조심스레 손을 집어넣던 진실의 입La Bocca della Verita, 오드리 헵번이 아이스크림을 맛나게 먹으며 내려오던 스페인 광장Piazza di Spagna의 계단, 멋진 트레비 분수Fontana di Trevi, 콜로세움Collosseo은 영화에서처럼 그대로 있을까? 그대로 있었다. 마치 흑백영화가 현대로 돌아온 듯, 50년이 넘는 시공을 거슬러 그 시절 〈로마의 휴일〉 속 로마가 그대로 2005년 로마에 있었다. 오

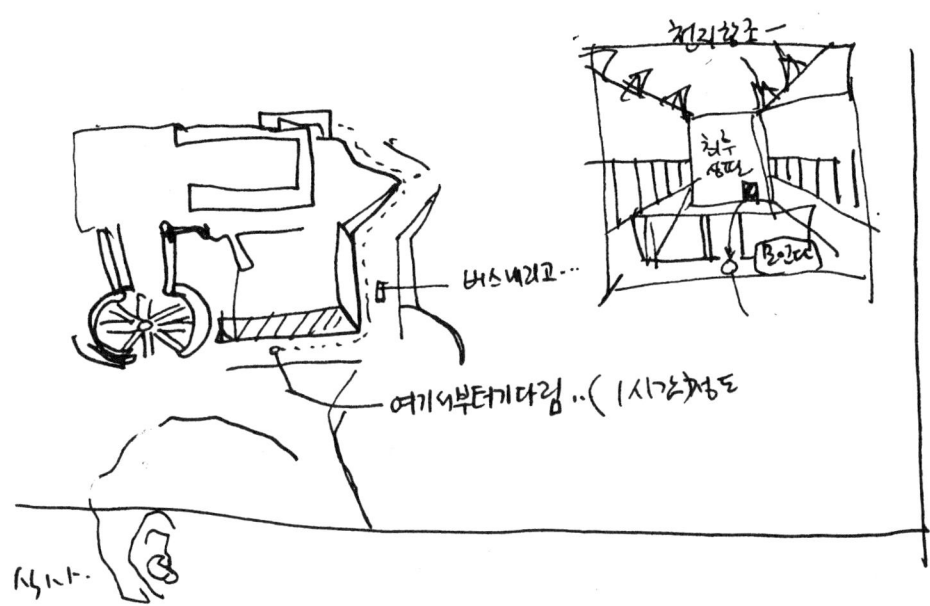

드리 헵번이 무면허로 스쿠터를 몰던 돌 깔린 거리도 그대로였고, 하늘 위에 치렁치렁하게 늘어진 전깃줄도 그대로였다. 로마 곳곳에 흩어진 유적도, 건물도 그대로였다. 사람들은 멋있었고, 마치 우리도 '휴일'을 맞이한 듯 설레었다. 〈로마의 휴일〉에 등장한 관광지를 하나씩 찾으니, 관광객들이 한껏 기분을 내며 스페인 광장의 계단에 앉아 있었다. 나도 137개 계단을 하나하나 세어 정확히 오드리 헵번이 앉았던 13번째 계단으로 갔다. 당연히 그곳은 만원사례. 아이스크림 가게에 들어가려고 하자, 이탈리아에서 성악을 공부하던 가이드 아저씨가 "아이스크림은 트레비 분수 쪽이 진짜예요"라고 말해줘서 꾹 참았다.

트레비 분수도 역시 그대로였다. 어디에 가든 동전을 던지는 촌스러운 짓은 하지 않을 것 같았던 나도 이곳 로마에서만큼은 다시 오마 약속하고 촌스럽게 동전을 던지는 대열에 합류했다. 그리고 트레비 분수에서 판테온으로 가는 길에 약속이라도 한 듯 손에 손에 아이스크림을 든 사람들을 만나 우리도 아이스크림 가게에 들어갔다. 아, 그 달콤함이란. '이게 바로 〈로마의 휴일〉의 달콤함이구나'라고 생각하며 달콤하기 그지없는 로마 여행을 시작했다.

세상에서 제일 멋진 남자들

로마 하면 가장 먼저 떠오르는 단어는 앞에서 이야기한 것처럼 〈로마의 휴일〉이다. 두 번째는 〈로마의 휴일〉에서 나온 '베스파Vespa'다. 베스파가 세상에서 제일 심플하면서도 효율적인 탈것이라는 생각에는 변함이 없다. 언젠가 베스파를 타고야 말겠다는 내 생각은 험악한 도로 사정 때문에 늘 좌절되어 오늘에 이르렀지만, 베스파에 대한 로망은 여전히 현재 진행형이다. 내 머리카락 중 50퍼센트쯤이 백발로 변하면 베스파를 타볼 생각이다. 멋지게 늙은 '미중년'이 베스파를 타는 모습, TV CF에서 나오는 스포츠카를 타거나 거대한 모터사이클을 타는 것보다 더 멋지다. 적어도 내가 생각하기에는. 그리고 세 번째는 세리에A다. 세계 최고의 이탈리아 프로축구 리그. 델 피에로와 인자기와 토티가 있는 바로 그 이탈리아 축구. 파란색 유니폼의 이탈리아 '국대(국가 대표)'도 좋지만, 세계에서 가장 우아하고, 거친 프로축구 리그 세리에A도 좋다. 1934년 이탈리아 월드컵 우승을 계기로 발전한 이탈리아 축구는 AC밀란, 유벤투스, 인터밀란 등의 막강 클럽의 활약으로 오늘날 세계를 대표하는 리그가 되었다. 이탈리아 프로 축구를 보고 있으면, 이탈리아 남자들의 남성적 매력에 흠뻑 빠지게 된다. 내가 아무리 노력해도 도달할 수 없는, 어느 패션 잡지 화보에서 툭툭 튀어나온 것 같은 그들의 모습을 도대체 내가 어떻게 따라잡을 수 있단 말인가!

로마의 상징이 된 원형 경기장 콜로세움을 찾았다. 사진으로 보는 것과 똑같이 생긴 건물이 내 눈앞에 있었다. 게다가 그 거대함은 그야말로 장중했다. 외벽이 일정하게 무너진 모습조차 콜로세움의 카리스마를 느끼게 해주었다. 그런데 여기가 로마 시대 검투사들이 목숨을 걸고 싸우던 바로 그 원형 경기장 아니던가! 당시 서구 전체를 지배하던(로마에서 시작해 영국과 아프리카까지) 로마에서 세계 최고로 격렬한 남자들이 모여 목숨을 걸고 싸우던

대전차경기장터

그곳. 영화 〈글래디에이터〉에서 러셀 크로가 복수하기 위해 한 경기 한 경기를 승리하던 바로 그곳. 기원후 72년 베스파시아누스 황제 때 공사를 시작해 8년 후 그의 아들 티투스 황제 때 완성된 이 거대한 건축물은 약 5만 명의 관중을 수용할 수 있다. 검투사는 전쟁 포로 중 노예가 되지 않는 자들 가운데 선발하는데, 일정 시합에 이기면 자유인이 될 수 있었다고 한다. 검투사들끼리의 경기뿐만 아니라 맹수 사냥 시합도 벌였다.

콜로세움을 보고 있노라니 이탈리아 남자들의 매력의 원천을 보는 듯한 느낌이 들었다. 그 환호와 함성은 근 2000년의 시공을 뛰어넘어 지금 프로 축구 경기장에서 열광적으로 응원하는 그들로 이어진 것이다.

친퀘테레,
절벽 마을과 바다의 매력적인 만남

"어디가 제일 기억나요?"

최호철 선생이 물었다.

"글쎄, 로마의 언덕? 압도적인 물량의 우피치미술관?"

내가 대답했다. 그리고 우리 둘은 얼굴을 마주 보며 외쳤다.

"친퀘테레Cinque Terre 기억나요? 그 절벽의 어촌!"

만장일치로 이탈리아 여행의 첫 번째 인상은 친퀘테레. 이탈리아 북서부 바닷가에 위치한 다섯 마을 리오마조레Riomaggiore, 마나로라Manarola, 코르닐리아Corniglia, 베르나차Vernazza, 몬테로소Monterosso를 부르는 말이다. 친퀘(다섯), 테레(마을). 라 스페치아La Spezia에서 기차를 타고 들어가는 이 마을들은 하나하나가 그야말로 그림 같았다.

그날 아침, 우리는 라 스페치아의 한 호텔에서 일찍 일어나 기차역으로 나섰다. 관광객들의 모습이 제법 보이는 기차역에서 기차를 탔다. 얼마나 걸렸는지 기억나지는 않지만, 한 열에 좌석이 세 개(한쪽은 두 개, 다른 한쪽은 한 개)인 기차였다. 부푼 마음으로 도착한 첫 번째 역. 기차역 앞 벽면에 사회주의 리얼리즘 냄새가 물씬 나는 벽화가 그려진 기차역에서 내려 동네로 들어갔다.

이런. 바닷가 절벽에 다닥다닥 붙은 집들이라니. 이건 자연과 인간이 합작해서 빚어낸 걸작품이었다. 흰 벽과 붉은 벽이 조화를 이루는 집과 까마득한 절벽 아래의 검은 돌로 가득한 바닷가까지. 아마추어 예술가들은 절벽 마을이 바라다보이는 곳에 자리를 펴고 스케치를 했고, 전 세계에서 모인 관광객들은 사진을 찍기에 여념이 없었다. 저 밑 바닷가에서는 자리를 펴고 일광욕을 즐기는 착한 몸매의 젊은이들이 있었다. 이곳이 리오마조레. 이곳에서 다시 기차를 타고 코르닐리아에 갔다. 역시 절벽 위의 작은 마을. 한 사람만

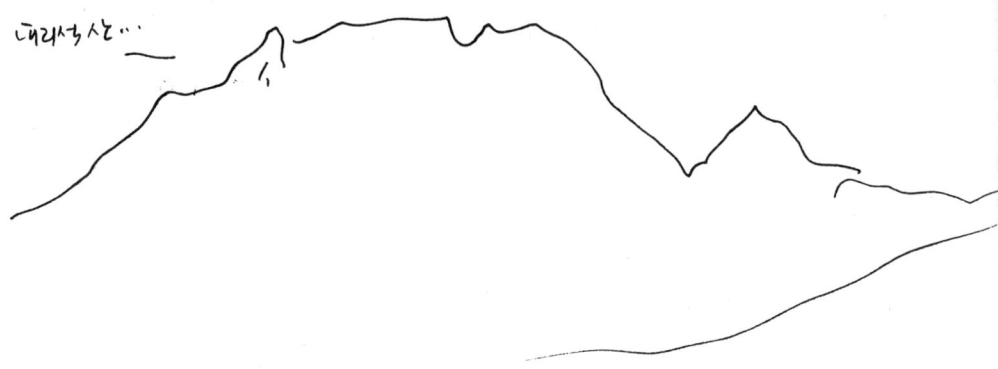
대리석 산...

겨우 지나다닐 수 있는 작은 골목이 꼬불꼬불 이어지는 곳이었다. 그 골목 사이로 걸으면, 바닷가의 상쾌한 바람과 푸른 덧문이 살짝 열린 아름다운 집, 그리고 절벽에서 자란 나무들이 우리를 반겼다. 관광객을 상대하는 작은 가게조차도 너무 사랑스러운 곳. 디자인 감각과 예술의 맛을 아는 마을. 그날 우리는 이탈리아 북서부에 있는 작은 어촌이자 세계적인 관광 휴양지 친퀘테레에 푹 빠지고 말았다.

피에뜨로산타. —
　작은 시골마을.. 대리석 작업장이 많은 곳

MONTEEROSSO
AL MARE.

Corniglia

여길 오네 와 있는지 모르겠다
하지만 이딸리아의 땅끝내주경을 잘했다.

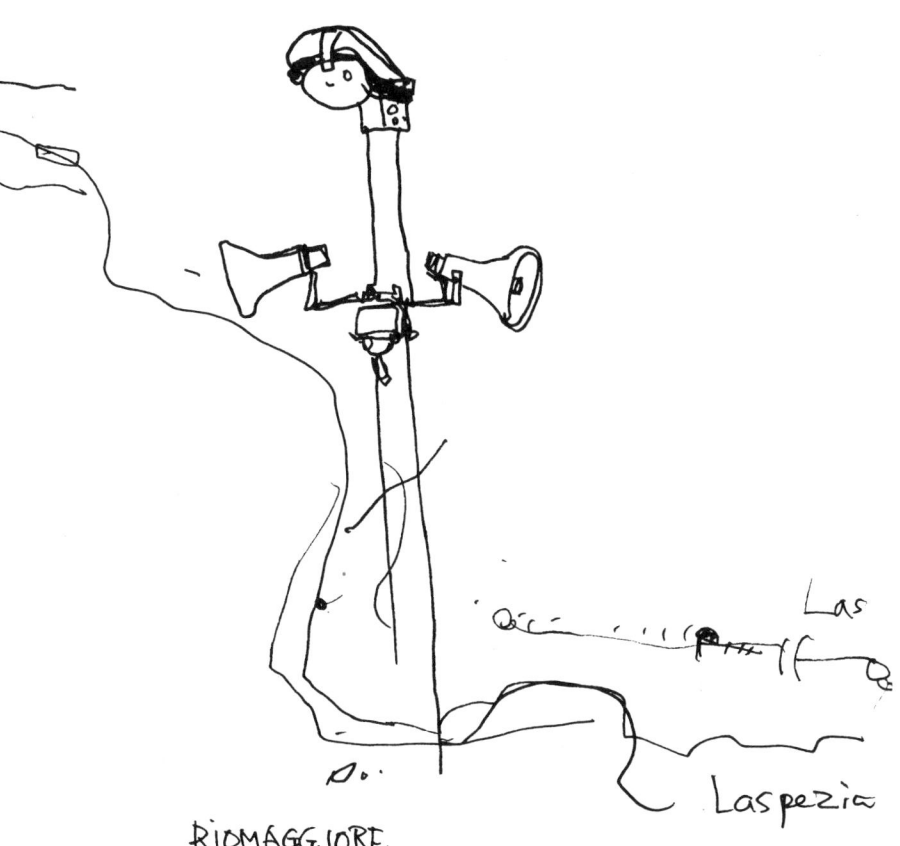

RIOMAGGIORE

몬테로소 해변에서
멍하게 부러워하다

CINQUE TERRE
- MONTEROSSO -의
어촌마을 식당 항아리해물건금...

내 마음에 '여행의 낭만'으로 깊이 자리 잡은 이탈리아 친퀘테레. 처음 기차를 타고 내린 어촌에서 아름다운 풍광을 실컷 감상하고, 초보 미술가들의 스케치를 바라본 뒤 일정에 따라 다음 마을로 자리를 옮겼다. 기억과 지도를 맞춰봐도 여기가 어딘지 갑갑할 때가 있는데, 몬테로소 해변만큼은 여전히 기억이 생생하다.

기차에서 내려 해변에 붙은 길로 내려오니 탁 트인 바다가 나왔다. '쏟아지는 햇살, 하얗게 부서지는 파도'와 같은 상투적 표현을 쓰기 민망할 만큼 그냥 바다가 좋았다. 그보다 더 좋은 건, 바닷가 모래사장을 가득 메운 비키니 수영복. 희한하게도 우리의 눈은 여성들의 매력적 몸매를 슬로 모션으로 잡아주었다.

"전부 비키니를 입었네요."

짐짓 고상한 척 무미건조하게 물었다. 그런데 최호철 교수는 대답보다 먼저 그림을 그리고 있었다. 우리는 바닷가로 난 길을 걸어 다니며 멍하게 바다에서 놀고 있는 유럽 인들을 감상했다.

"그냥 바다에 들어갈까요?"

그림을 그리던 최호철 교수가 말했다. 우리는 순간 갈등했다. 여기서 점심까지 먹고 이동한다고 했으니 바다에 들어갈 만한 시간은 충분했다. 하지만 그럴 수 없었다. 순간의 즐거움이 앞으로 긴 시간 따가운 피부 때문에 느낄 괴로움으로 변할 것이 분명하니깐.

몬테로소의 바다는 그렇게 부러움으로 다가왔다. 하늘은 맑았고, 바다는 투명했으며, 모래사장에는 비키니 여인들. 하지만 자세히 보니, 비키니 여인들의 나이와 몸매는 전부 제각각. 처음 투명한 햇살을 느끼며 바라본 해변은 파멜라 엔더슨이 붉은 유니폼 수영복을 입고 뛰어다니던 〈베이워치

Baywatech〉의 해변처럼 보였으나, 실상은 그게 아니었다. 〈베이워치〉에서 본 '쭉쭉 빵빵' 모델들 대신 평범한 여성들이 제각각 자연을 느끼기 위해 비키니를 입고 있었던 것.

몬테로소는 친퀘테레 트레킹의 시작이기도 하며, 끝이기도 하다. 우리는 산길을 걸어 산과 절벽, 바다에 위치한 친퀘테레를 구경하는 트레킹 대신, 기차를 타고 들어가는 노선을 택했다. 하지만 많은 사람들이 트레킹을 통해 친퀘테레의 자연을 즐기곤 했다. 친퀘테레 관광의 종착지인 몬테로소. 우리는 이곳에서 자연을 봤고, 자유분방한 비키니를 봤으며, 무엇보다 치즈에 푹 잠긴 스파게티로 느끼해진 위장에 얼큰한 국물이 가득한 라자냐를 채워 넣었다. 얼큰한 국물 맛에 뭐 이런 한국적 요리가 다 있냐며 신나게 먹었지만, 돌아온 것은 그날 밤의 복통뿐. 그렇게 낭만적인 친퀘테레의 밤이 복통으로 저물었다.

피렌체의 아름다운 붉은 지붕

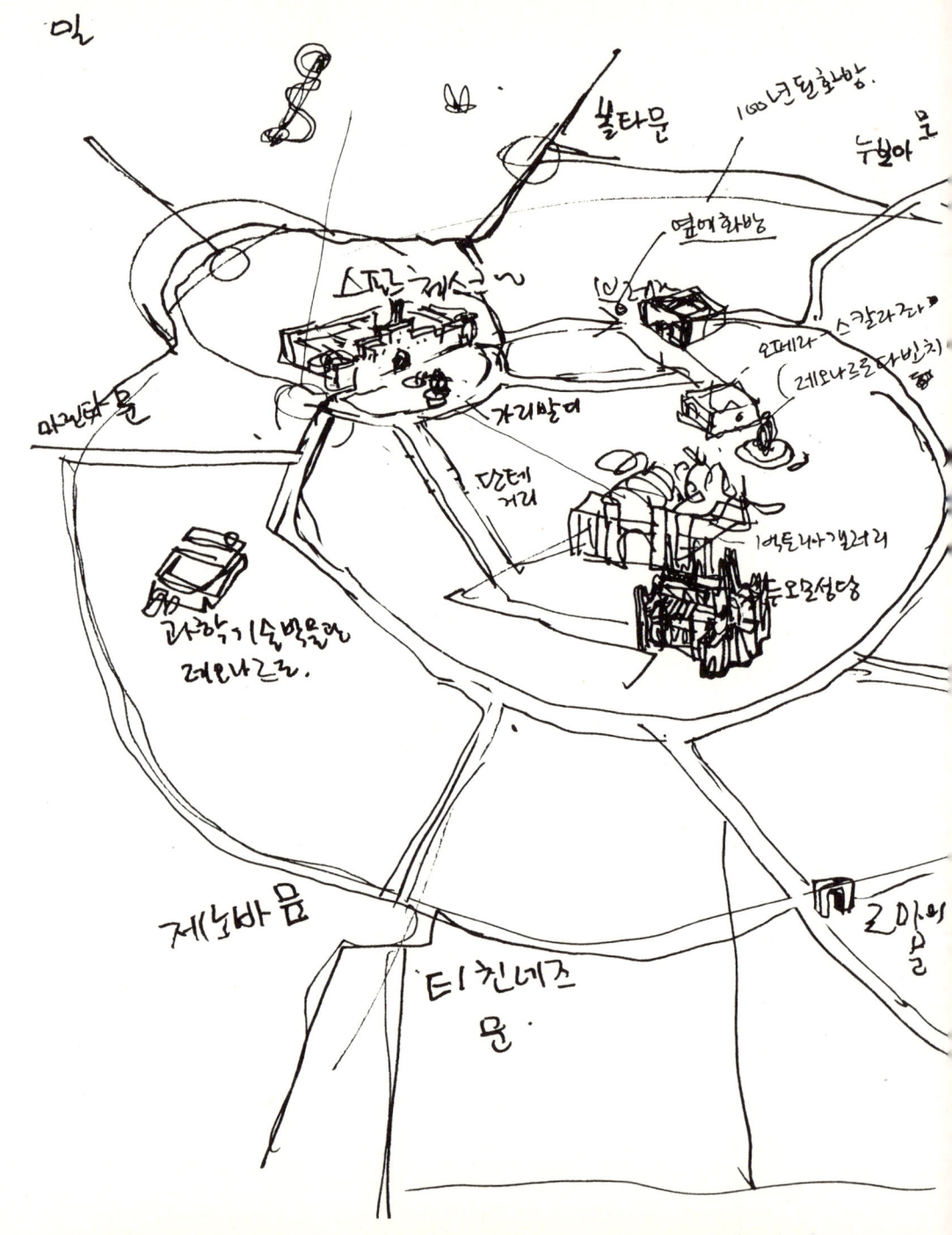

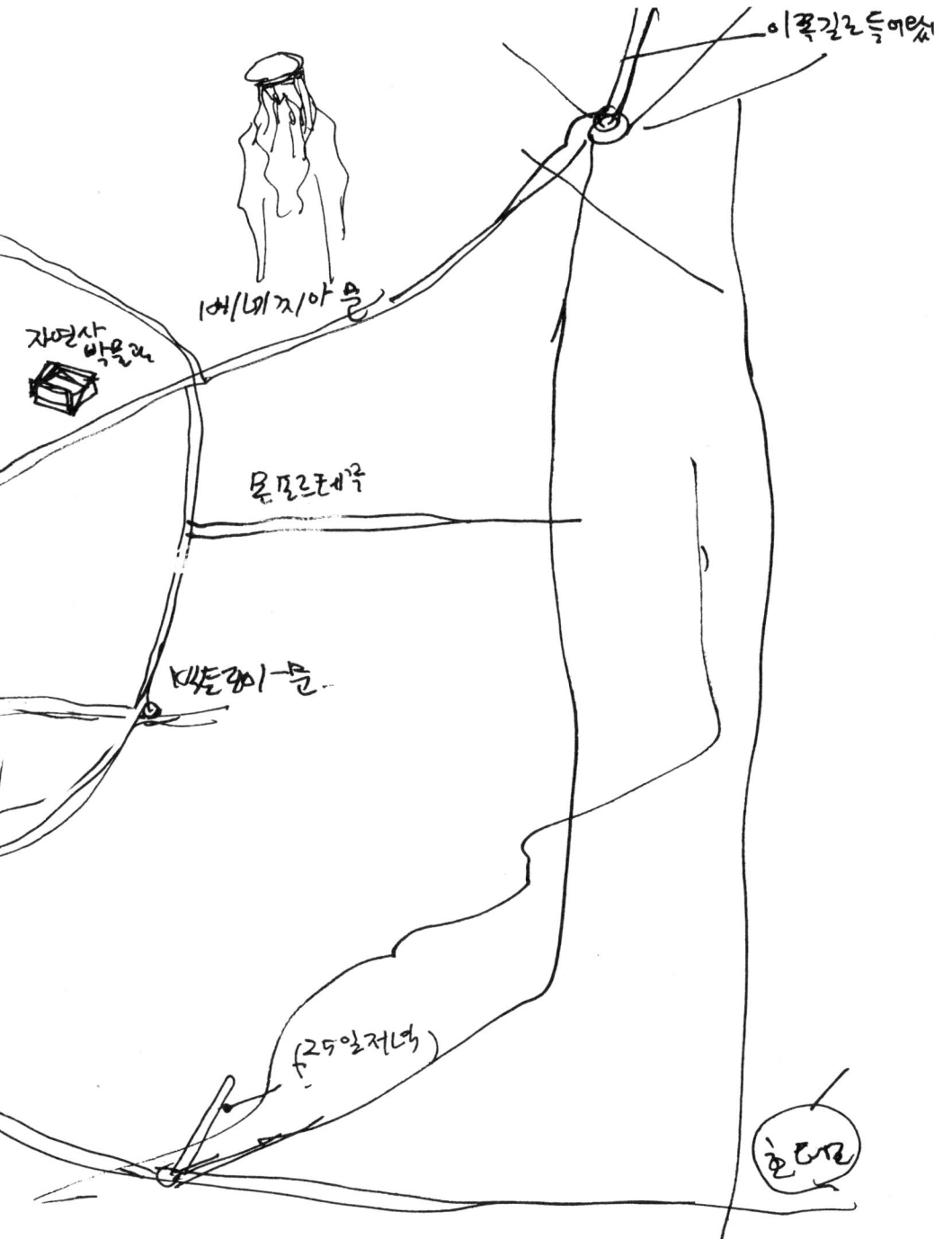

피렌체에 들른 것은 르네상스 미술의 보고 우피치미술관에 들르기 위해서다. 르네상스 시대를 꽃피운 이탈리아의 부자 가문들은 앞 다투어 예술에 많은 지원을 아끼지 않았는데, 그런 부자들의 지원 덕에 르네상스 예술이 부흥할 수 있었다. 버스를 타고 피렌체로 가는 버스 창밖에는 아름다운 초원과 크고 작은 과수원들이 펼쳐졌다. 언덕 위에 세월의 무게를 간직한 집들이 보였는데, 여행자의 낭만을 한껏 부풀려주는 풍광이었다.

한참을 달려 관광버스가 줄지어 서 있는 곳에 도착했다. 여기는 미켈란젤로 언덕. 응? 미켈란젤로와 관련이 있나? 그게 아니라 광장 가운데 '카피판' 다비드상이 있어 붙은 이름이라고 한다. '그래, 카피라도 상관없어. 여기저기에서 진짜를 얼마나 많이 봤는데'라고 생각하며 버스에서 내리는 순간, 여러 관광객들 틈으로 멀리 피렌체가 보였다.

푸르디푸른 하늘을 원경으로 산이 하나 보이고, 붉은 지붕 도시가 펼쳐졌다. 엄청난 높이를 자랑하는 회색빛 콘크리트 스카이라인이 아니라 붉은 지붕의 도시는 말 그대로 토스카나의 열정을 그대로 보여주는 것 같았다. 도심 한가운데에 붉은 돔으로 되어 있는 두오모와 도심을 흐르는 강에 폰트베키오(다리)가 걸려 있는 이 낭만적 도시. 로마와 같은 고대 도시가 아니라 근대적 대도시인 피렌체는 신흥 공업지이며, 교통의 요지라 설명하는데, 처음 이탈리아에 도착한 관광객인 나에게 그런 설명이 귀에 들어올 리 없었다. 그저 붉은 지붕의 아름다움만으로도 충분했다.

여기 오기를 잘했다. 정말 잘했다.

예술의 나라답게 아마추어 미술가들은 아주 작은 수채 풍경화를 팔고 있었다. 피렌체의 붉은 지붕을 보는 순간, 이미 나도 예술혼 충전. 작은 그림을 하나 사 들고 셔터를 눌러대는 동료들 틈에 끼었다. 미켈란젤로 언덕의 감

탄은 피렌체로 이어졌다. 피렌체로 들어가며 내리기 시작한 비를 뚫고 우피치미술관으로 들어간 나는 보티첼리가 그린 '비너스'의 육감적 아름다움에 빠졌고, 미술관 창으로 바라본 피렌체의 풍경에 또 한번 감동하고 말았다. 그리고 작은 식당에서 묽은 스파게티를 먹으며, 우리는 '낡고 불편하고 오래된 것'의 가치를 알아주는 이탈리아 사람들을 위해 잔을 들었다.

화려한 고딕 성당, 럭셔리 밀라노

피렌체를 경유해 밀라노에 도착했다. 북부 이탈리아의 중심이자 경제의 중심지인 밀라노. 그에 걸맞게 최신의 고층 빌딩이 즐비하다. 하지만 밀라노를 처음 찾는 낯선 관광객에게는 최신 고층 빌딩이나 이탈리아 제2의 공업 도시, 이탈리아 경제 중심지 같은 교과서에나 나올 법한 말보다는 눈으로 확인할 수 있는 예술과 패션의 도시라는 설명이 더 몸에 와 닿는다. 그렇다. 밀라노는 로마의 시간을 거슬러 간 풍광이나 피렌체의 붉은 지붕이 보여준 소박하면서도 웅장한 모습과는 전혀 다른 느낌이다. 우선 '밀라노'라고 검색하면 어느 사진에서나 쉽게 볼 수 있는 밀라노 대성당이 그러하다. 역시 다른 도시의 성당들처럼 두오모Duomo라는 이탈리아 이름으로 불리는 밀라노 대성당Duomo di Milano은 보는 것만으로도 압도적인 거대한 고딕 건물이다. 고딕 건물 하면 파리의 노트르담 대성당을 떠올리는데, 밀라노 대성당도 노트르담에 뒤지지 않는다. 오히려 깎아지른 듯 쌓아 올린 고딕 양식의 절정은 밀라노 대성당인 것 같다. 무려 450년에 걸쳐 지은 이 초대형 성당은 바깥에서 바라보는 것만으로도 압도적이다. 약간의 비용을 내면 옥상으로 올라가 밀라노 시내를 조망할 수 있다. 함께 간 최호철 선생이 말했다.
"올라갑시다."
연이은 행군에 피곤에 지친 나는 그냥 쉬고만 싶었다.
"난 그냥 있을래요."
최호철 선생은 성당으로 올라갔고, 나는 남았다. 성당 앞 광장에 앉아 사람을 전혀 무서워하지 않는 비둘기들(이탈리아 어느 도시에나 있는 그 지겨운)이 달려드는 광장에서 나는 금세 밀라노 성당에 올라가지 않은 것을 후회하고 말았다. 시간이 지나 내려온 최호철 선생은 최고의 선택이었다고 나의 잘못된 선택을 비난했고, 비둘기에 시달린 나는 툴툴거리며 다음 장소로 이동하기 위해 걷기 시작했다. 장소는 광장 바로 옆 비토리오 에마누엘레 갈레리아라는 거대한 상점가. 19세기에 완성된 이 거대한 아케이드 상점가로 들어서면 여기저기 럭서리 브랜드들이 즐비하다. 말로만 듣던, 혹은 자료에서만 보던 수많은 브랜드가 즐비한 상점가, 그리고 의외로 그리 비싸지 않은(한국에 비해서) 가격을 보면서 둘은 우리가 여자가 아니라서 다행이라고 고개를 끄덕였다. 하지만 벤츠 브랜드 숍에 들어가니 앙증맞은 자동차부터 로고를 이용한 다양한 소품이 그득해 그만 지갑을 열고 말았다. 오호 통재라. 어디에서도 볼 수 없을 것 같은 거대한 고딕의 아름다움, 아케이드에 내리쬐는 햇살과 럭서리 숍의 화려함, 거기에 다양한 브랜드의 패션쇼가 열리는 이곳의 명성에 걸맞게 화보에서 빠져나온 듯한 선남선녀들(후줄근 관광객 빼고)은 밀라노가 세계에서 제일 화려한 패션의 고장이라는 사실을 보여주었다. 멋져, 밀라노!

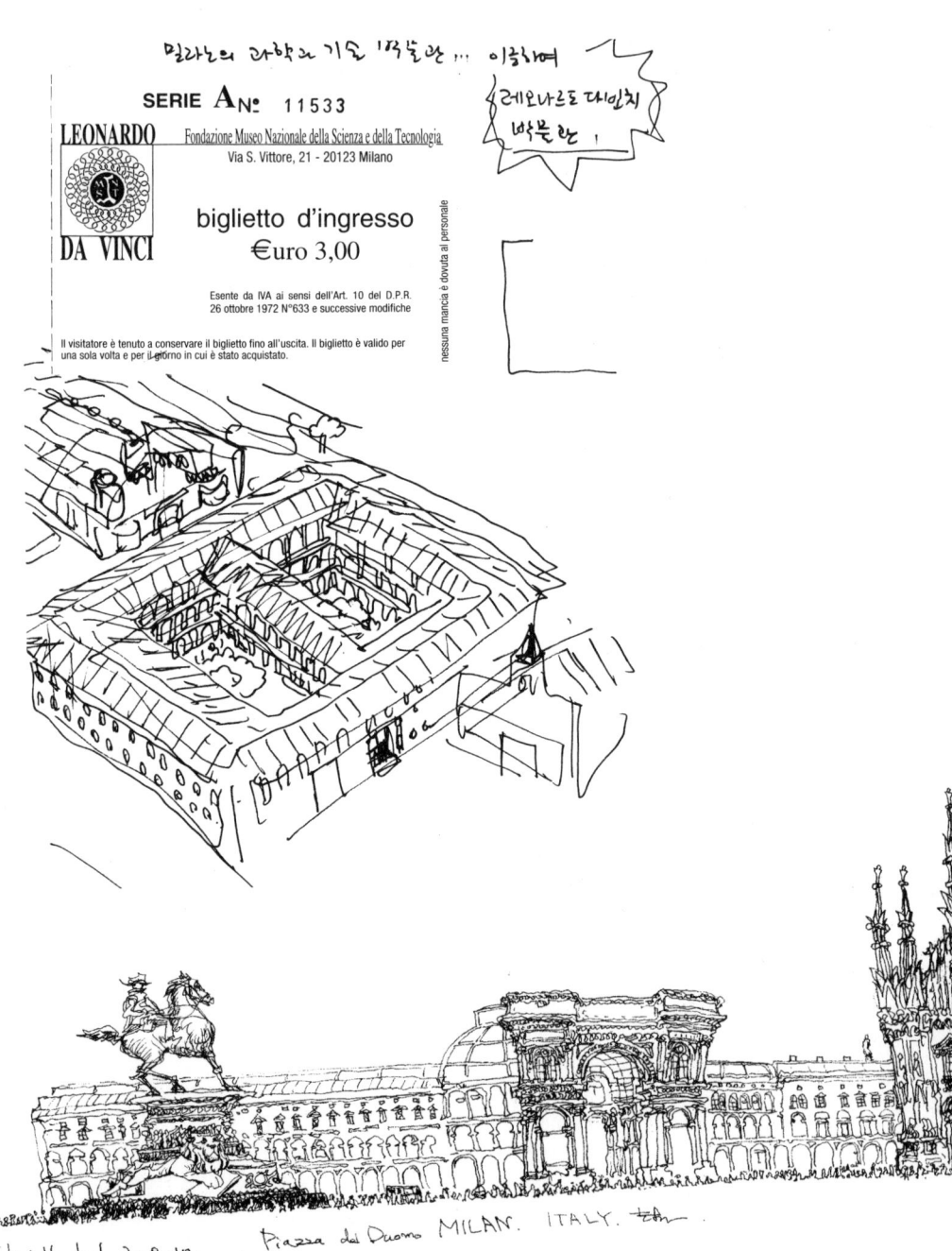

이탈리아에서 알프스를 넘다

이탈리아 로마, 베니스, 피렌체, 밀라노에 들른 우리는 일정의 종착지인 스위스로 향했다. 스위스 중심지인 루체른에 들른 다음 알프스 산맥 필라투스 산에 오르기로 했다. 그런데 피렌체에서부터 내리기 시작한 비는 밀라노 일정을 마친 뒤까지 하염없이 계속되었다. 로마와 베니스에서는 그지없이 깨끗하고 맑은 하늘이었는데, 북부로 오면서부터 비가 계속되었다.

버스가 스위스를 향해 출발했다. 고속도로를 이용하면 그리 멀지 않은 곳이라고 했다. 그런데 가이드 아저씨가 기사 아저씨와 한참을 이야기하더니 마이크를 잡는다.

"지금 스위스에 엄청난 비가 왔다고 하네요. 고속도로는 산사태가 나서 막혔고요. 그래서 국도로 돌아가겠습니다. 시간이 한참 걸릴 겁니다."

빨리 스위스에 들어가 알프스의 절경을 감상하고 싶다는 우리의 꿈이 무너지는 순간이었다. 사실 여행을 와서 이동하는 시간만큼 지겨운 시간이 있을까? 가끔 우리나라와 전혀 다른 풍광이 반갑고 흥미롭기도 하지만, 몇 시간씩 그런 풍광이 펼쳐지면 금방 지루해지고 만다. 혼자 혹은 소수의 일행과 가는 여행이라면 마음 내키면 쉬어 갈 수도 있지만, 일행이 많으면 쉬운 일이 아니다. 하지만 당시 우리 여행은 딱 짜인 코스를 도는 패키지여행이 아니었기 때문에 그래도 여유가 있었다.

한참 국도를 내달렸다. 좁은 2차선 도로에 차가 꽤 많았다. 아주 작은 휴게소(라고 부르기에도 민망한 간이 화장실과 주차 시설이 있는 곳)에 내리니 자가용에 캠핑카를 달고 여행을 떠나온 이들이 많았다. 이탈리아 사람들은 물론 독일 사람, 스위스 사람, 프랑스 사람, 온갖 유럽 인이 가득했다. 그들은 가족과 함께 여유롭게 캠핑카를 끌고 자연을 즐기고 있었다. 우리도 간이매점에 들러 커피를 샀다. 여름인데도 알프스 산맥 속 간이 휴게소는 몹시

추웠다. 게다가 비도 부슬부슬 내리고 있었다. 다시 버스에 올랐다. 지겨운 여행이 계속되나 싶었는데, 최호철 선생이 바깥을 보라고 했다.
"우와!"
그야말로 탄성을 내뱉을 수밖에 없었다. 깎아지른 듯한 알프스 산맥의 골짜기마다 폭포가 쏟아지는 것이 아닌가! 그것도 여러 폭포가 절벽마다 떨어지고 있었다.
"대단하네요. 여긴 폭포가 많은가 봐요."
"저도 처음 봐요. 원래 이쪽 길로 다니질 않아서이기도 하지만, 비가 와서 없던 폭포들이 생겼어요."
우리의 찬사에 가이드 역시 놀라워했다. 이게 무슨 횡재냐. 국도로 길고 지루하게 가야 할 줄 알았던 우리 여행이 기대하지 않은 작은 휴게소의 맛있는 커피와 차창 밖 절경으로 새로운 즐거움이 되어버렸다. 역시 여행은 예기치 않은 순간이 닥치고, 그 예기치 않은 순간이 즐거움을 만들어주는 것. 그 여름 스위스 루체른 시가 물에 잠기던 날, 우리는 알프스 산맥에서 태고의 절경을 감상할 수 있었다.

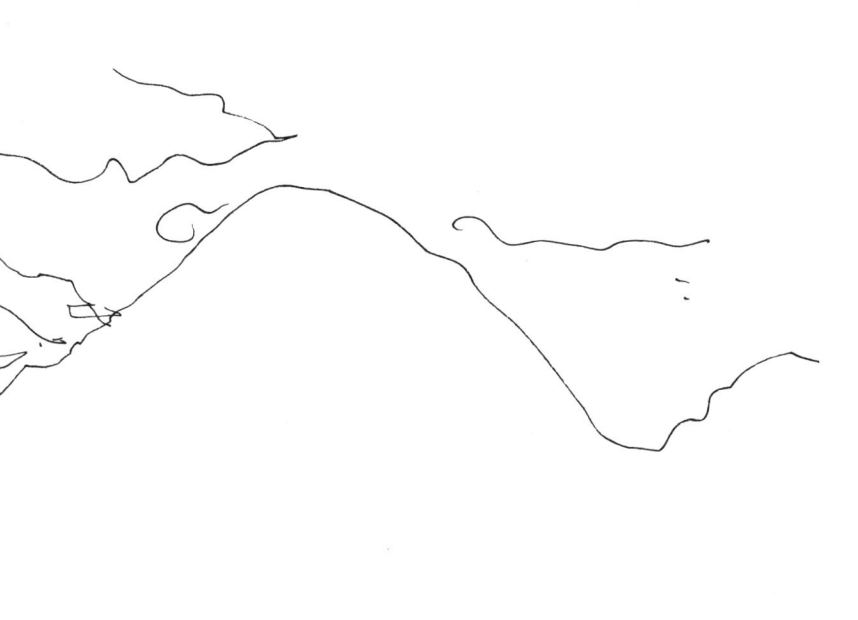

용이 사는 산
팔라투스에 오르는 방법

고속도로가 아닌 국도를 한참 달려 도착한 루체른Luzern. 루체른 호수가 넘쳐 호수 옆 길가에서 백조가 노닐고 있었다. 아마 이전에도 이후에도 관광객이 이런 모습을 보기는 힘들 듯. 관광 도시 스위스 중앙에 위치한 스위스의 대표적 관광 명소 루체른. 호수와 잘 어울리는 중세 건물들이나 잘 꾸민 스위스 도시 풍경은 (너무 상투적인 표현이기는 하지만) 어디에 사진기를 가져가도 그대로 엽서가 되었다. 14세기에 건설된 지붕 달린 목조 다리 카펠교나 카펠교 가운데 있는 34미터짜리 팔각탑은 아름다운 호수 풍경과 잘 어울릴 것 같았다. 솔직히 루체른 호수가 범람하는 바람에 저 멀리에서만 봤고, 넘치는 물을 피해 가느라고 유명한 카펠교를 제대로 감상하지는 못했으니까.

루체른에 오면 누구나 다 둘러보는 사자상. 프랑스 혁명 당시 루이 16세를 지키기 위해 싸우다 전사한 스위스 용병을 기리며 세워진 '빈사의 사자상'은 고달픈 스위스의 역사를 보여주는 상징물이기도 하다. 하지만 그런 역사적 사실과는 별개로 섬세하게 조각한 사자의 모습은 그대로 또 매력적이었다. 아무튼 보기 드문 수해의 현장을 뒤로하고 우리는 필라투스Pilatus로 향했다. 용이 살았다고 전해지는 필라투스. 필라투스로 가는 방법은 크게 세 가지가 있다. 첫 번째, 루체른 교외 크리엔스에서 케이블카를 타고 오르는 방법. 그리고 두 번째, 알프나흐슈타트에서 산 정상으로 이어지는 빨간색 산악열차를 타는 방법. 마지막 세 번째는 걸어서 올라가기.

걸어서 올라간다고? 농담인 줄 알았다. 그러나 케이블카를 타고 올라가면서 보니 진짜 걸어가는 사람들이 있었다. '그렇구나. 이게 진짜 필라투스를, 스위스를 즐기는 방법이구나'라는 생각이 들었다.

아무튼 우리는 올라가는 길은 케이블카, 내려오는 길은 톱니바퀴식 산악 열차를 선택했다. 케이블카를 타고 올라가며 바라본 풍경은 딱 그대로 〈알프스의 소녀 하이디〉. 소들이 한가롭게 풀을 뜯고, 누워 있는 모습을 보고 있으니 저들도 관광의 한 요소라는 생각이 들었다. 정상부에 오르니 스위스의 아름다운 산들이 한눈에 들어왔다. 이 경이로움이라니! 한참을 돌아다니며 구경하고 사진을 찍었다. 정상에서 내려다보니, 저 밑에서부터 올라오는 이들이 보인다. 나는 최호철 선생에게 말했다.
"우리 다음에 오면 꼭 걸어서 올라옵시다."
"그래요. 재미있겠는데요. 올라가면서 그림도 그리고."
하지만 우리는 아직 이 약속을 지키지 못하고 있다.

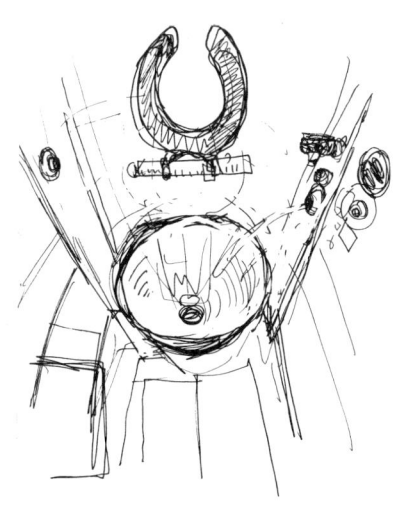

스위스 작가회의 파크인 호텔... 맥도날드가 입구의
크게 있음.

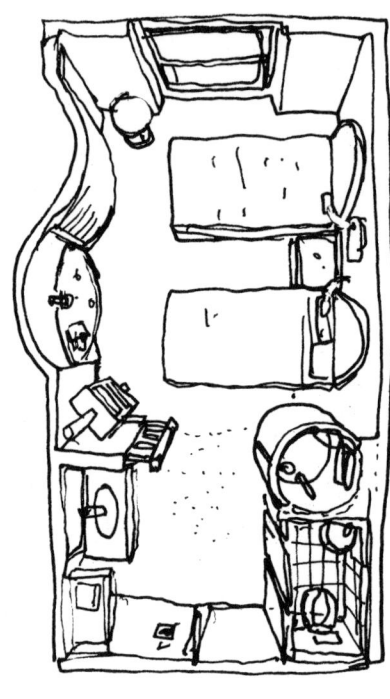

먼지의 남한의 절반.
40,1천평방킬로미터
한국은 10만평방킬로미터.
인구 700만... 2/3이상이 알프스.
오지중의 오지....
프랑스 홀낭북 – 스위스 – 이태리북부
– 은 스토리아까지 나름다.
유럽을 반토막.

합공국.
차 CH– 스위스를대표한 약자
12H년에 3개 주가 도시동맹을
맺으며 전국 헬베티아족이
주도.

3개. 가톨릭. 연방
독어: 슈바이츠

독일의 게르만족. 프랑스의 프랑코족 트가르지방의 라틴족
    75%.   18%.   5%.

13C 초 오스토리아 합스 부르크 왕가가 통치..
막시미리안에게서가 휘드를 철권통치.. – 총독을보내쫓치. – 1P

스위스경주 – 장대비. 비. 제베하.. 500명이지난후에 13개주가 스위스
군대국가가 건국.. 독일. 동서.   안토네가 – 용병모험 이민이 나간다.
                                                            죽살면나라
스위스건파하.
일세이텔.   나폴레옹이 스위스를탄쳐서...

                                                                        길에평토하라.

나폴레옹한테진 오스트리아...

안쪽을 차지해야 유럽의주도권을 잡을 수있다
- 최장 17KM터널..

도로 명나라
알프스 관광 — '신생대 4기때'

― 교육에 특자. ― 세계 제 1 의 교육수준..
   공업이 수준이높다.
― 국민소득 수만불.
   공업국가. 숲 — 연관..
   화학분야..
· 초봉 ~ 만 10000이란다. ―
· 저리비 공대 —
· 50년전파대로 못살고있다 .

하늘의 낙서

프랑스의 시계공들이 일부 자였는데... 나폴레옹이 세금가혹이 걷고그러니까
스위스로와서 .. ― 재산을 많가지 리본시계공업과 귀금속이 발달 했다.
                                    비밀은 지킴
· 스위스중립안을 보장이크다.

― 식품가공업이 발달...

'네슬레' — 스위스회사 ...식품가공
                                    (1203 봄)

제 1의 관광국은 스페인 — 이태리 — 프랑스 — .... 스위스 —
   국민일당 관광수입은 높다...

내가 바라본 토리노

Toriono - italia 호텔

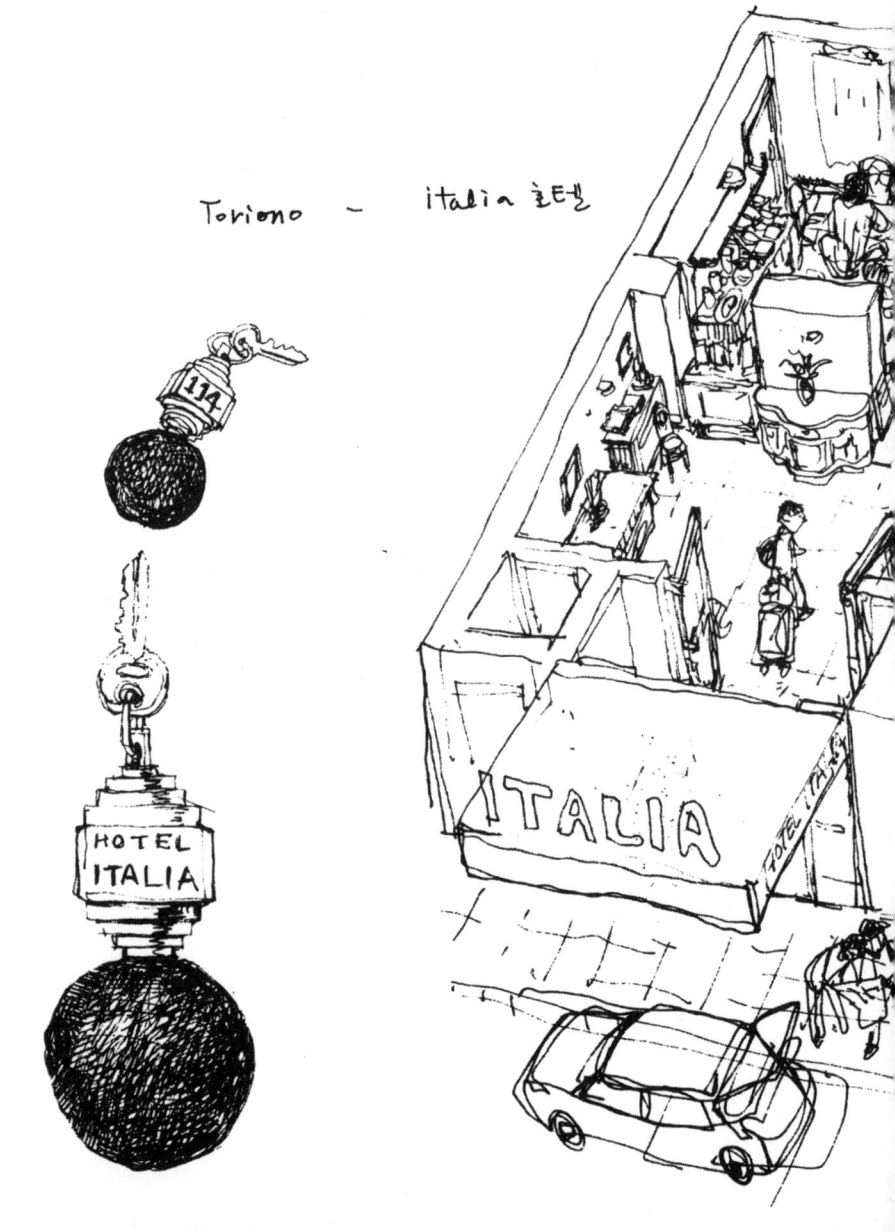

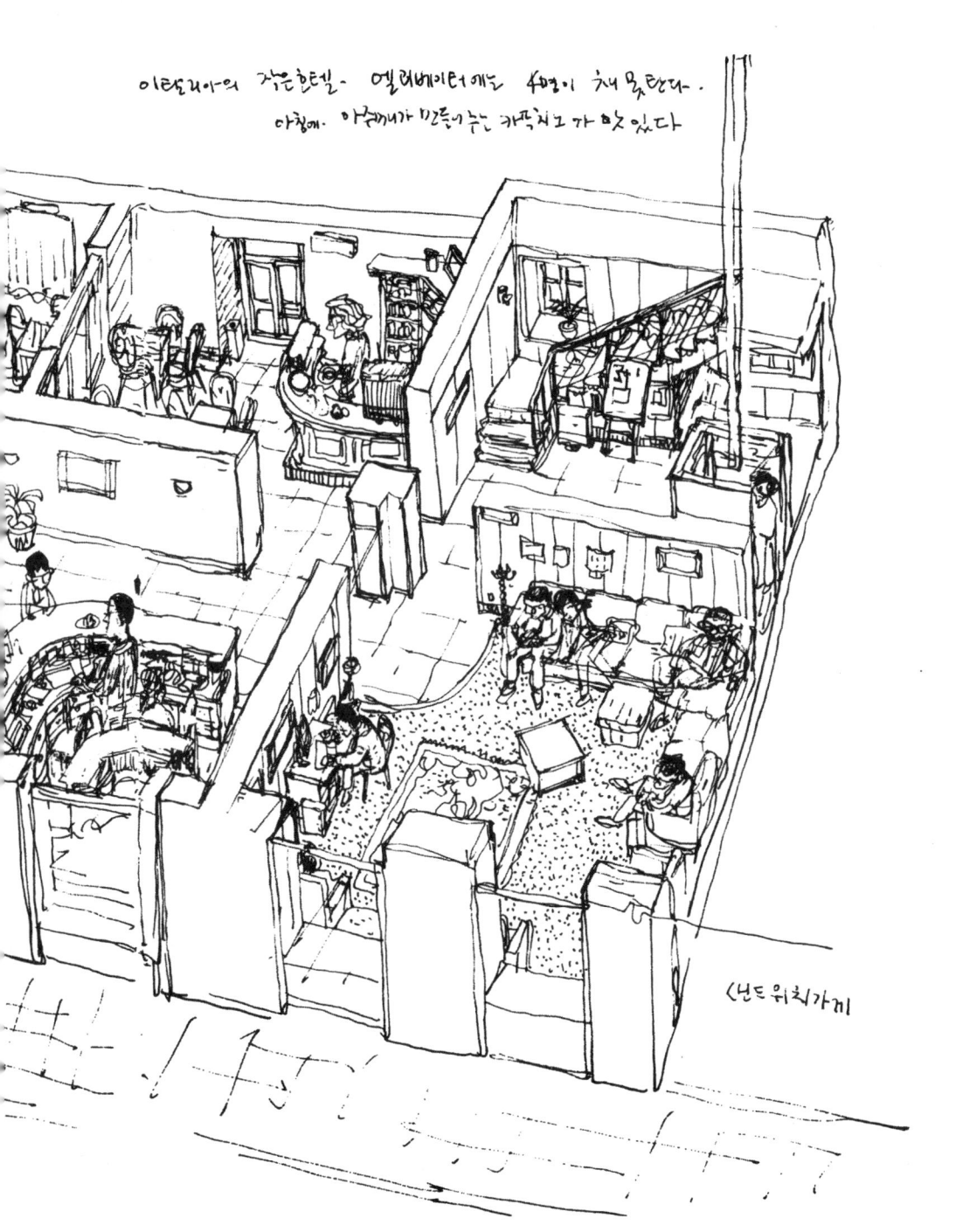

최호철 선생이 이탈리아 토리노에서 열리는 현대미술전에 참가해달라는 초청이 들어왔다고 알려줬다.

"큐레이터랑 내 작업실에 와서 내 작업을 전부 보고 갔어."

"와우, 대단한데요!"

그런데 조금 불안하단다. 현대미술의 총아를 보여주는 전시로, 이탈리아가 낳은 세계적인 현대미술 큐레이터인 프란시스 보나미가 한국에까지 와서 작업을 보고 갔는데, 그래도 불안하다고 한다. 그러면서 초청을 받았지만 갈까 말까 고민이라고 한다.

"어디라고요?"

속물적인 나는 장소를 물어본다. 이탈리아라면, 작년에 함께 여행을 하기도 했으니까.

"토리노."

"동계올림픽이 열렸던 곳?"

그랬다. 그 순간부터 최호철 선생은 참석을 고민했다.

"당연히 가야죠. 뭘 고민해요."

그렇게 최호철 선생은 한국을 대표하는 현대미술 작가로 이탈리아 토리노에서 열리는 현대미술전 〈All Look Some〉에 참가했다. 중국, 한국, 일본의 젊은 작가들이 참가한, 현대미술의 오늘을 보여주는 전시.

"통역은 있었어요?"

"없었어."

"…"

"영국에서 유학하는 작가가 도와줬어. 기라라고, 후배인데."

"그래도… 답답했겠네."

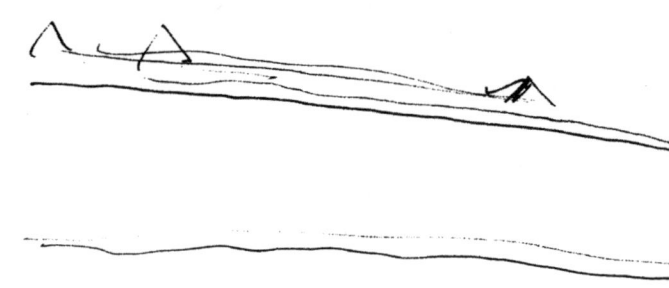

"그래서 그림 많이 그렸지."
어허, 웬일이냐, 크로키 북이 꽉 찼다. 들춰보니 현대미술에 대한 여러 마음이 교차하는 크로키와 메모들. 그의 표현을 빌리자면 존경과 아쉬움, 비아냥과 경외감, 짝사랑, 애증. 도대체 현대 예술이 무엇이지? 개인의 자유? 글쎄, 내가 그가 아니니까, 뭐라 할 수 없겠지만 아마도 현대 예술가들이 보여주는 여러 복합적 일면이 최호철 선생의 마음을 심난하게 만든 것 같다. 그리고 그는 무척 흥미로운 크로키를 그려왔다. 내가 아는 최호철, 그 모습 그대로 그가 바라본 세계를 그려낸 크로키들을.

알수없는 현대미술
그 알수없는 작업을 하는 사람들이
모여서 웃고떠든다 언어가 막히니
정말 모르겠다.
내가 들린들 알아들을까
저 웃음에 동참이라도 할수 있을까
가지않는 길과
나들이 한주일‥
되돌아갈 곳은 정해져 있다-
내

어쨌든.

상하이

하이난

대국의 포스, 중국

인천 - 대련을 오가는 크루즈... 400명 정원에
화물을 실어나르는... 배의 일등석 6인실.

왜 대련은 그냥 대련이지?

2005년에는 정말 많이도 다녔다. 그 장대한 마무리는 중국 대련大連이었다. 보통 일본으로 수학여행을 갔는데 이번엔 대련으로 방향을 바꿔봤다. 되도록 많은 학생들과 함께 가보기 위해서였고, 또 대국의 포스를 느껴보고도 싶었다.

그리고 나는 처음으로 크루즈(라고 쓰고 퇴역한 커다란 배라고 읽는다)를 타봤다. 일단 그래도 2층 침대가 있는 일등석이었다. 분위기는 뭐랄까, 읍내에 있는 깔끔한 여인숙. 노력하고 노력해서 깨끗하게 유지했지만 워낙 기본이 낡아 어쩔 수 없는 냄새 섞인 그 방의 느낌이었다. 뱃멀미 공포로 무척 긴장하고 배를 탔지만, 한밤중에 서해로 나아가는 배는 천천히 바다에 미끄러졌고, 달빛과 파도에 부서지는 배 여행은 꽤나 낭만적이었다. 적어도 갈 때는 무척 낭만적이었다.

대련은 참 희한한 풍경을 보여줬다. 50년, 아니 100년의 시간이 그대로 한 도시에 압축되어 있었다. 최신 외제 자동차와 삼륜차와 짐 자전거와 소달구지가 공존하는 공간이 바로 대련이었다. 해마다 워낙 빠르게 바뀌기 때문에 지금은 또 다르겠지만, 일제강점기에 개발된 공간과 순식간에 올라가는 주상복합이 공존했다. 우리 관광버스에 탄 조선족 안내원은 자신이 산 집을 소개했다. 대련을 소개하는 것보다 오히려 자신이 산 집에 대해 설명하는 데 열정적이었다. 왠지 조금은 안쓰럽고, 조금은 흐뭇한 기분이었다.

우리는 여느 중국 여행이 그렇듯 서커스를 보고, 이상하게 조성된 밀랍기념관을 보고, 고약한 냄새가 인상적인 자연사박물관에 들렀다. 뭔가 10퍼센트 부족한 느낌, 하지만 나와 최호철 선생은 그 느낌이 좋았다. 아이들은 중국 냄새라며 특유의 미묘한 냄새를 싫어하기도 했지만 우리에게는 그조차도 사랑스러웠다.

어련… 약물집고 짐자전거를.

중여인.
시용한차가되었다.

잠비성... 고구려 천리장성-

"우리는 왠지 중국과 잘 맞는 것 같아요."

"그래도 대련은 굉장히 깨끗한 것 같지 않아요?"

대련에서 발견한 이마트에 깜짝 놀라고, 사회주의 정신으로 밀어붙여 자본주의를 능가하는 중국식 사회주의를 창조해내는 그들의 실력이 희한했다.

"우리 다음에 또 와요."

발 마사지를 받으며 다시 한 번 '더'를 외쳤지만 대련에는 지금껏 다시 가지 못했다. 대신 그 뒤로 하이난과 상하이를 들렀다. 아! 그런데 대련의 중국식 발음은 뭐지? 왜 대련은 그냥 대련이지?

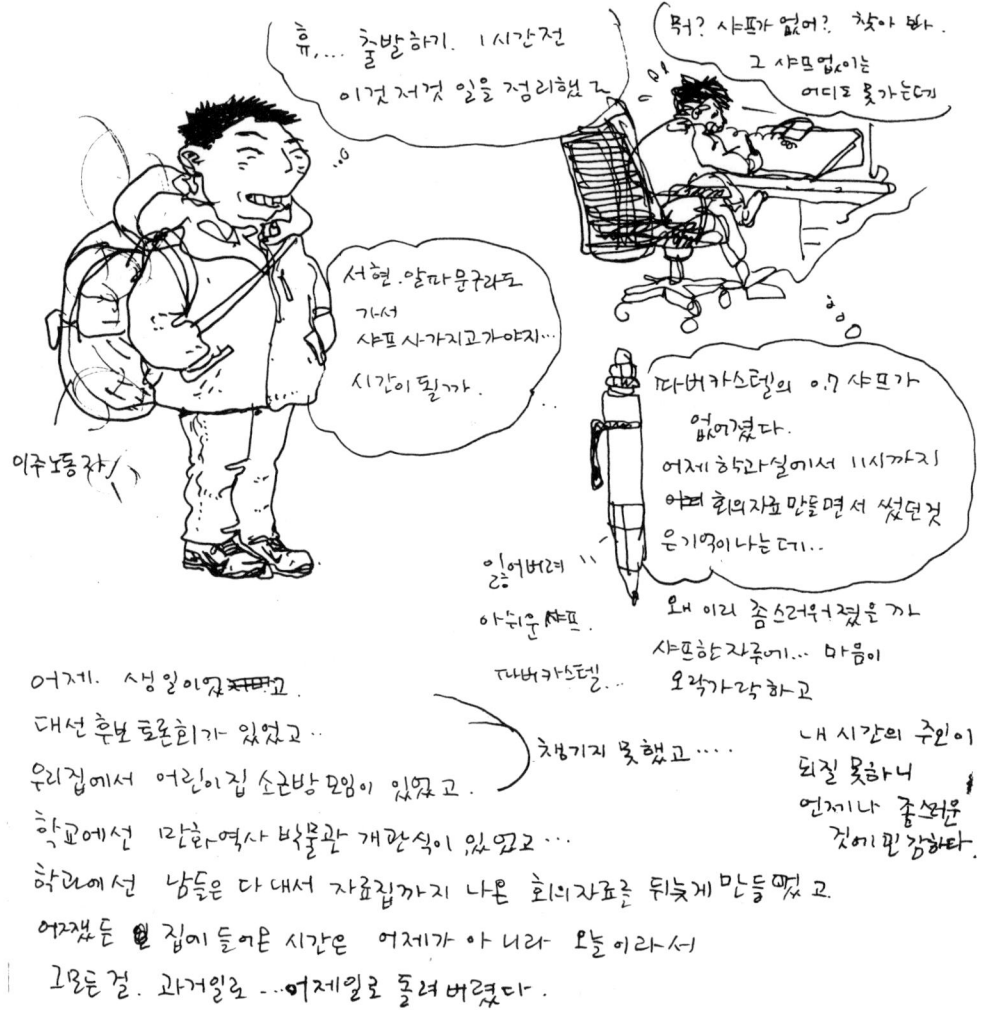

어제. 생일이었고
대선 후보 토론회가 있었고..
우리집에서 어린이집 소모임 모임이 있었고..
학교에선 만화역사 박물관 개관식이 있었고...
학회에선 남들은 다 내서 자료집까지 나온 회의자료를 뒤늦게 만들었고.
어쨌든 집에 들어온 시간은 어제가 아니라 오늘이라서
그모든 걸. 과거일로 ...어제일로 돌려 버렸다.

과거가 되어버린 하루.. 며칠 후면 저멀리 가버리고 기억도 안나겠지.
벌써 몇년이 그렇게 흐른거 같다. 남는 거 하나 없이 정신없이
바쁘기만 한 시간을 보내며.

인천공항 -
 예나 uni ball 문구임.
 Art pen을 안가져왔음을알고 인천공항지하 알파
문구점에서 필기류를 다량구입..(일반 필기류는 여러자루
구입해도 돌려면이 안넣네.. 아트펜같은 한자루에 l(쌩&임인데)

우리가 타고갈 비행기 해남항공..
꽤 작네.

6.16일 새벽 3시쯤 저멀리 버스를 세워놓고 휘황한 달빛아래
이길따라 숙소까지 걸어갔는데... 길양옆으로 햇볕을 나란히 세워놓아
인디아나 존스같은 모험영화의 한장면 속을 걷는 느낌이었다

해남도의 밤

일원만 앞에 농장을 걸으면서 그리다..
농장은 나서혀.. 검호길.

그랬다. 2002년 제주도 연수를 떠나면서 두 '만화쟁이'는 내년에는 괌, 내후년에는 하와이, 뭐 이런 식의 턱도 없는 꿈을 꾸었다. 전체 교수 해외 연수 행사가 드디어 4년 만에 다시 찾아왔다. 학교 설립 10주년 기념 해외 연수. 학교 재단인 유니베라('남양알로에'라고 해야 아는 사람들이 많더라)의 알로에 농장이 있는 곳으로 가는 연수였다.

중국은 중국인데, 동남아 분위기가 나는 해남도海南島, 하이난 섬. 야자수, 남극의 분위기는 좋은데 더웠다. 땀을 뻘뻘 흘리며(당시 최호철 선생과 나 모두 살이 두툼하게 찐 상태) 길을 걸었다. 한밤중에 버스에서 내렸다. 아슬아슬 나무로 된 다리를 건너 숲을 지나니 긴 길이 나왔다. 길고 길고 긴 길에 횃불이 밝혀져 있다. 저 멀리 완벽한 원근으로 점이 된 길이 보였다. 좋다. 몇 명의 여자 교수님들은 절망했고, 철없는 우리 둘은 즐거워했다.

"숲으로 가는 거야! 밀림으로 가는 거야!"

길가에 야자수 몇 그루가 있고, 그리고 쭉 알로에, 알로에, 알로에. 하지만 우리는 길을 따라 그냥 걸었다. 그래야만 잘 수 있었으니까. 숲으로 걸어가 도착한 곳에 대나무 집이 있었다. 캬, 멋지잖아. 대나무 집 안에는 모기장으로 완전 무장한 2층 침대가 있었다. 밥을 먹고 약간의 알코올을 섭취한 뒤 잠을 청했다. 나는 1층, 최호철 선생은 2층. 하하하. 선풍기 바람이 2층까지 미치지 않았다고 한다. 처음 느껴보는 에어컨 없는 남국의 더위와 싸우며 잠이 든 우리는 다음 날 아침, 우리가 걸어온 그 길을 다시 걸었다. 그리고 해남도 시내의 특급 호텔로 숙소를 옮겼다. 많은 선생님들이 특급 호텔을 좋아했지만, 우리 둘은 대나무 집이 좋았다. 밀림 속에서, 맨몸으로 더위를 느끼던 그 대나무 집 말이다.

이곳 해남도는 여자들이 일을 많이 하고.. 남자들이 탱자탱자란다.

도무지 이게 뭐 사회주의 국가일까 싶다. 여기도 돈이 최선의 가치가 되어가는거 아닌가 하는 모습들이 너무 많이 보인다.

해남도의 보통 농가의 모습. 이렇게 넓은대륙에서 (섬) 저토록 작은집에 살수있을까, ...

2601호 거실.
강북두렁호털.

설매만 . 양난만. 향수만

일원만

헬로! 상하이

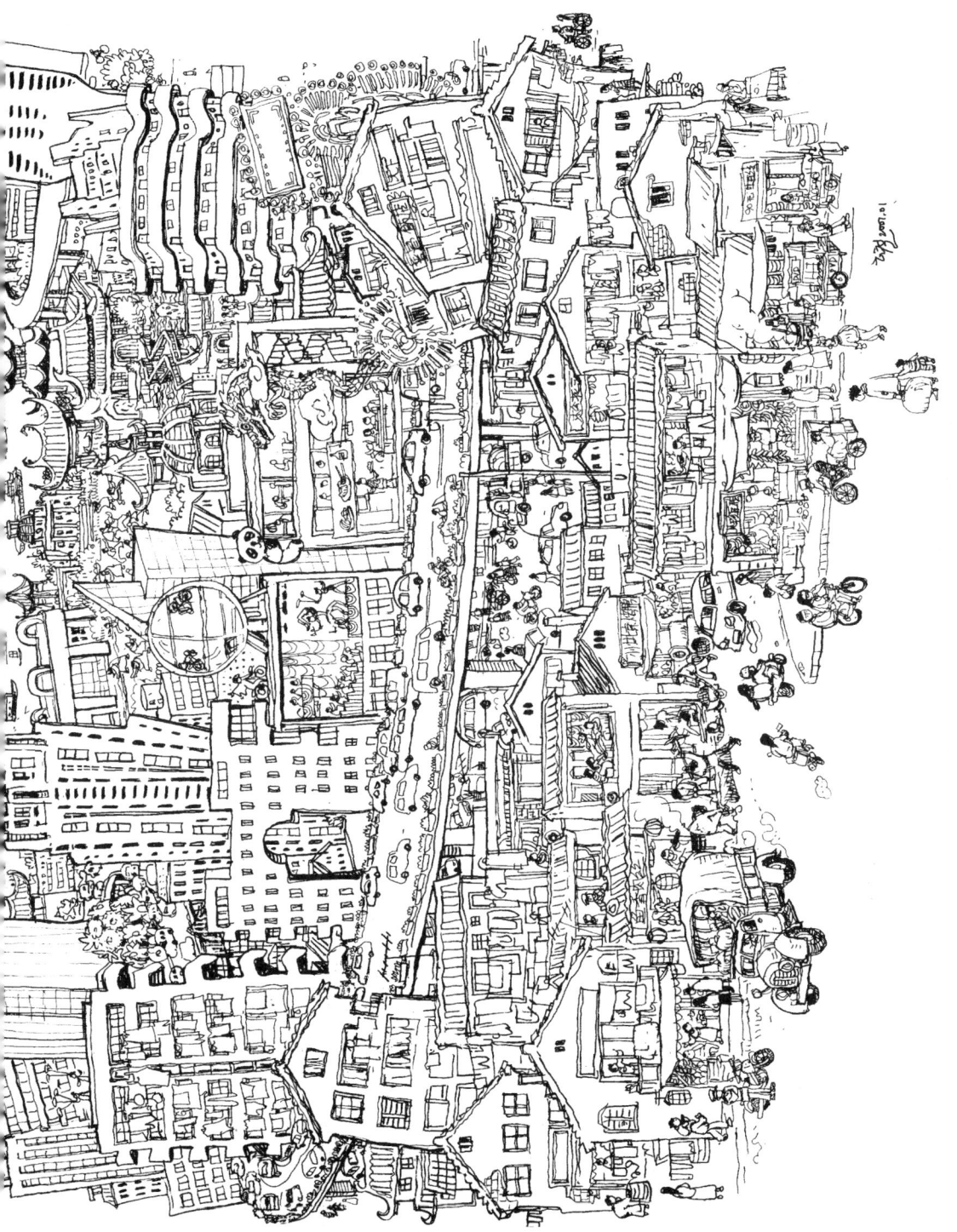

상하이上海는 자신을 찾은 방문객에게 하루하루 다른 풍광을 보여준다. 그 풍광은 각기 다른 시대와 계급과 취향을 상징한다. 한 공간에 존재해도 이들의 시대와 계급, 취향은 제각각이다. 그리하여 한순간을 잡아내고 그 안에 여러 차원이 공존한다. 거대한 마천루와 하루하루 변하는 스카이라인을 보여주다가도, 한 발자국만 걸어 나가면 50년을 시간 이동 할 수 있다. 거리에 내걸린 고기와 얽혀 있는 세탁물들이 이루어내는 전혀 다른 스카이라인. 그 안에는 한 끼를 몇십 원으로 해결하는 사람과 몇천 만 원으로 해결하는 사람들이 살고 있다.

겨울 상하이는 습기를 가득 머금은 안개로 우리를 마주했다. 무섭게 변하는 오늘 중국을 보여준다는 상하이는 일주일간 머무르는 동안 매 시간마다 우리를 놀랍게 만들었다. 중국에 대한 일상적 편견이 전혀 다른 경이로 바뀌는 것은 시간문제였다.

같은 모양의 건축물에는 허가를 내주지 않아 어떻게든 다른 모양으로 세워진 거대 빌딩들. 알로에 머리를 얹은 것 같은 웨스틴 호텔 빌딩이나 〈20세기 소년〉에서 보았음 직한 동팡밍주東方明珠, 〈플루토〉 속 거대 로봇이 나타난 듯 두 개의 거대한 뿔이 인상적인 포시즌스 호텔 빌딩. 푸둥浦東 개발의 상징이자 상하이를 찾는 중국인 관광객들이 꼭 오르는 전망대와 하얏트 호텔을 품고 있는 진마오다사金茂大廈까지. 처음에는 낯설었지만 금방 익숙해졌고, 그곳을 떠난 지금은 어느새 그립다.

일주일 동안 상하이를 다니며 몇 번씩 가로지른 도심 순환 고속도로에서 바라본 풍광을 보다 주관적으로 분리해 여러 레이어를 지닌 상하이를 그려보기로 했다. 용이 문 여의주 격이라는 동팡밍주는 상하이, 더 나아가 중국개발을 상징한다. 1992년 황푸黃浦 강 일대를 개발해 세계적 금융 비즈니스 중심으로 만들겠다는 덩샤오핑의 계획이 발표되었을 때, 모두들 중국의 무모함을 비웃었다. 그러나 지금 푸둥은 변화하는 중국을 상징한다. 쓸모없는 모래로 그득한 황푸 강가는 2010년 엑스포를 향해 달려가는 거대 중국의 힘을 보여준다. 468미터에 이르는 동팡밍주의 전망대와 420미터 높이를 자랑하는 진마오다샤의 전망대에서 바라본 상하이의 모습은 낮게 깔린 안개만큼 묵직하게 다가왔다. 황푸 강 건너편, 동팡밍주를 바라보는 상하이 야경을 감상하는 포인트는 아르데코풍 건축물이 즐비한 와이탄外灘이다. 거대한 건물들 사이로 현란한 네온사인, 그리고 도보 전용 거리가 조성된 난징둥루南京東路를 거쳐 걸어가면 황푸 강가 조계지였던 와이탄이 나온다. 19세기에서 20세기 초반에 걸쳐 지은 건축물은 밤이 되면 조명이 밝혀져 더욱 멋지다.

고전적 건축물과 현대적 건축물, 도심을 관통하며 순환하는 지하철과 도심 순환 고속도로가 가로지르는 상하이. 하지만 이곳을 찾은 낯선 여행자들에게 가장 매력적으로 다가오는 풍광은 그 안에 살고 있는 사람들의 모습이다. 최신식 백화점 앞 벤치에서 엉덩이가 뚫린 옷을 입고 있는 꼬마 아이에게 젖을 물리는 광경은 묘한 대칭적 매력을 풍겼다. 시골에서 커다란 짐을 든 채 이제 막 걸음마를 시작한 아이의 손을 잡고 선 가장 앞에 펼쳐진, 바쁘게 움직이는 상하이 사람들의 모습은 어떤 기분으로 다가올까? 그 부자는 어느 낡은 집에 짐을 펼치게 될까? 멋들어진 상하이의 스카이라인은 이들에게 어떤 의미일까?

한여성이
거칠게표 장터길을
힘차게 자전거 페달을
밟으며 쳐다간다·
달려간다
중목의 힘이 느껴진다

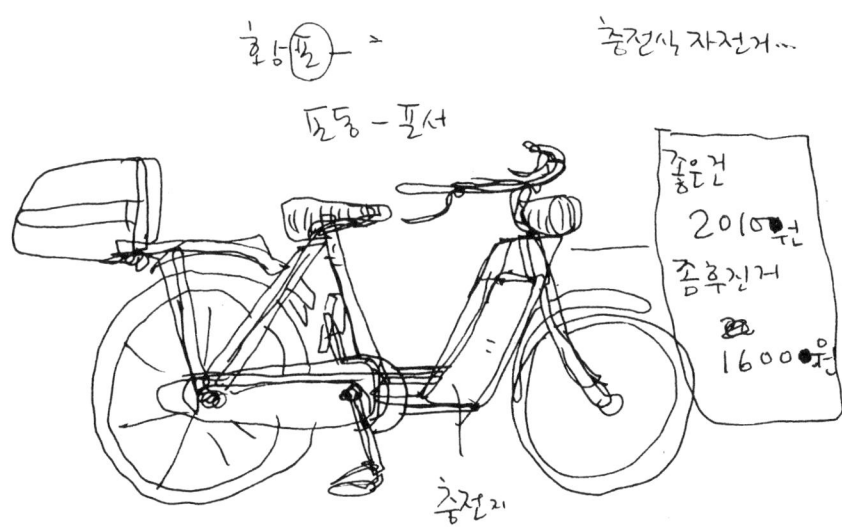

일품 중화요리!

삼국지때부터 있었다는 항져우의 호수 서호.
당나라 백거이, 소동파와 같은이가 인공둑을 만들었다는데...
호수변에는 청나라때부터 있던 식당이
아직도 영업중이다.

그렇게 많은 사람들중에 살찐 사람이 별로 없는것은
중국 녹차를 많이 마시기 때문이란다

만두 : 수호지나 다른 중국영화에 인육만두 이야기까지
나올정도로 만두를 좋아하는 중국인들 씹을때 터지는
따뜻한 육즙의 맛이 만두의 품질을 결정한단다

의자 빼놓고 발 달린 것은 다 먹고, 비행기 빼놓고 날아다니는 것은 다 먹는다는 중국. 그러다 보니 중국 음식에 대해 막연한 공포가 있는 것은 당연한 일. 모두들 중국 여행을 할라치면 보통 음식에 대한 공포를 첫 번째로 꼽는다. 너무 기름지지 않나? 이상한 맛이 나면 어쩌지? 지네 같은 벌레로 만든 음식이 나오면 어쩌지? 과연 입맛에 맞을까? 결국 고추장과 포장 김을 싸 들고 여행길에 나서기 마련이다. 어디 중국뿐이랴. 유럽에 갈라치면, 느끼한 음식이 많을까 봐 지레 겁을 먹고 한 보따리 먹을 것을 준비하는 준비성 철저한 한국인들. 식당에서 늘 휴대용 고추장 튜브를 꺼내놓은 한국인들이 아니던가.

다행스러운 것은 함께 길을 떠난 두 만화쟁이가 음식에 대해서만큼은 글로벌하다는 사실(다른 것은 그다지 글로벌하지도 않으면서). 느끼하건, 맵건, 짜건 간에 세계 어느 나라 음식도 현지인처럼 먹을 수 있는 내공을 보유하고 있어 사실 중국 여행에 나서면서도 음식에 대한 걱정은 많이 하지 않았다. 오히려 매 끼니 어떤 음식을 먹을까 기대하는 쪽이었다.

그도 그럴 것이 우리나라의 55배가 넘는 거대한 영토를 지닌 중국, 그만큼 다양한 음식 문화가 존재했기에 음식에 대한 기대는 남달랐다. 5000년이 넘는 세월 동안 발전해온 다양한 중국 음식은 한국에서 현지화된 중화요리와 다른 것이었다. 만두와 면 요리 그리고 베이징 덕으로 대표되는 베이징 요리, 달콤한 음식, 따자쉐(상하이 게)로 유명한 상하이 요리, 못 먹을 것이 없는 중국 요리를 대표하는 광둥廣東 요리, 매운맛이 특징인 스촨四川 요리까지. 중국에 가기 전까지만 해도 그야말로 무엇을 먼저 먹어야 할지 행복한 고민에 빠져 있었다.

그러나 막상 중국에 도착하니 우리에게 익숙한 한자가 아닌 마오쩌둥에 의

해 쉽게 정비된 간체(획을 빼거나 줄여 새롭게 만든 한자)가 적힌 간판이나 메뉴판은 도대체 뭐가 뭔지 알아볼 방법이 없었다. 솔직히 읽었다고 해서 그 음식의 맛을 추측하는 것도 불가능했다. 방법은 두 가지. 옆 테이블에서 시키는 것을 달라고 하거나, 아니면 일단 시켜보고 맛을 보거나 하는 쪽으로 극복해나갔다. 우아하고 행복한 음식 기행을 기대했지만 '미션 임파서블'이 되어버린 여행. 하지만 며칠 지나고 나자 이것도 익숙해져서 여유롭게 길거리표 음식도 사 먹을 수준이 되었다. 사람 사는 곳에서 먹는 것은 다 비슷하다는 결론. 물론 집집마다 닭이나 오리를 널어 말리는 풍광이나 고약하게 썩힌 두부 냄새는 참 적응하기 쉽지 않았다.

한 가지 씁쓸한 것은 사회주의인 중국이라는 나라에서 특히 먹을 것으로 계급이 나뉜다는 점. 여성도 일을 하는 중국은 외식 문화가 발달했는데, 외식이라고 해서 다 비슷한 수준이 아니라 동네 길거리에서 사 먹는 몇십 원짜리 외식에서 유명한 만둣집에 줄을 서서 먹는 대중적 먹을거리, 그리고 한 끼에 수천만 원짜리 호화판 먹을거리까지 수준이 다양하다. 가능하면 동네의 소소한 먹을거리도 즐겨보자고 좌판에서 파는 음식들도 사 먹어봤지만 역시 이방인이 사회, 문화, 경제의 모든 것을 안고 있는 음식 문화를 100퍼센트 이해한다는 것은 쉽지 않은 일이었다.

※ 중국4대지역요리
  베이징요리 : 오랜역사와 전통의 궁중요리, 만가두, 오리구이등..
  상하이요리 : 풍부한 곡사라 해산물요리 + 제국주의 시대의 유럽문화와의 혼합.
  사천요리 : 여름은 덥고 겨울이 추운 내륙지방요리 주로 맵고 얼큰하다. (향료를 많이씀)
  광동요리 : 동남아시아 요리와 비슷. 서양요리와 뒤섞인..(홍콩식).흩어지는 쌀.등

서민들이 주로 이용하는 노점식당엔
한국돈으로 2-300원하는
식사도 많다.

엄지 손가락만한 번데기를
튀겨서 먹기도 한다

나라가 넓다보니 조그만 과일가게에도
열대과일에서 부터 추운지방것에 이르기까지
다양하고 맛있는 과일이 넘쳤다 얼마나 많은 농약이 있는지는 모르지만

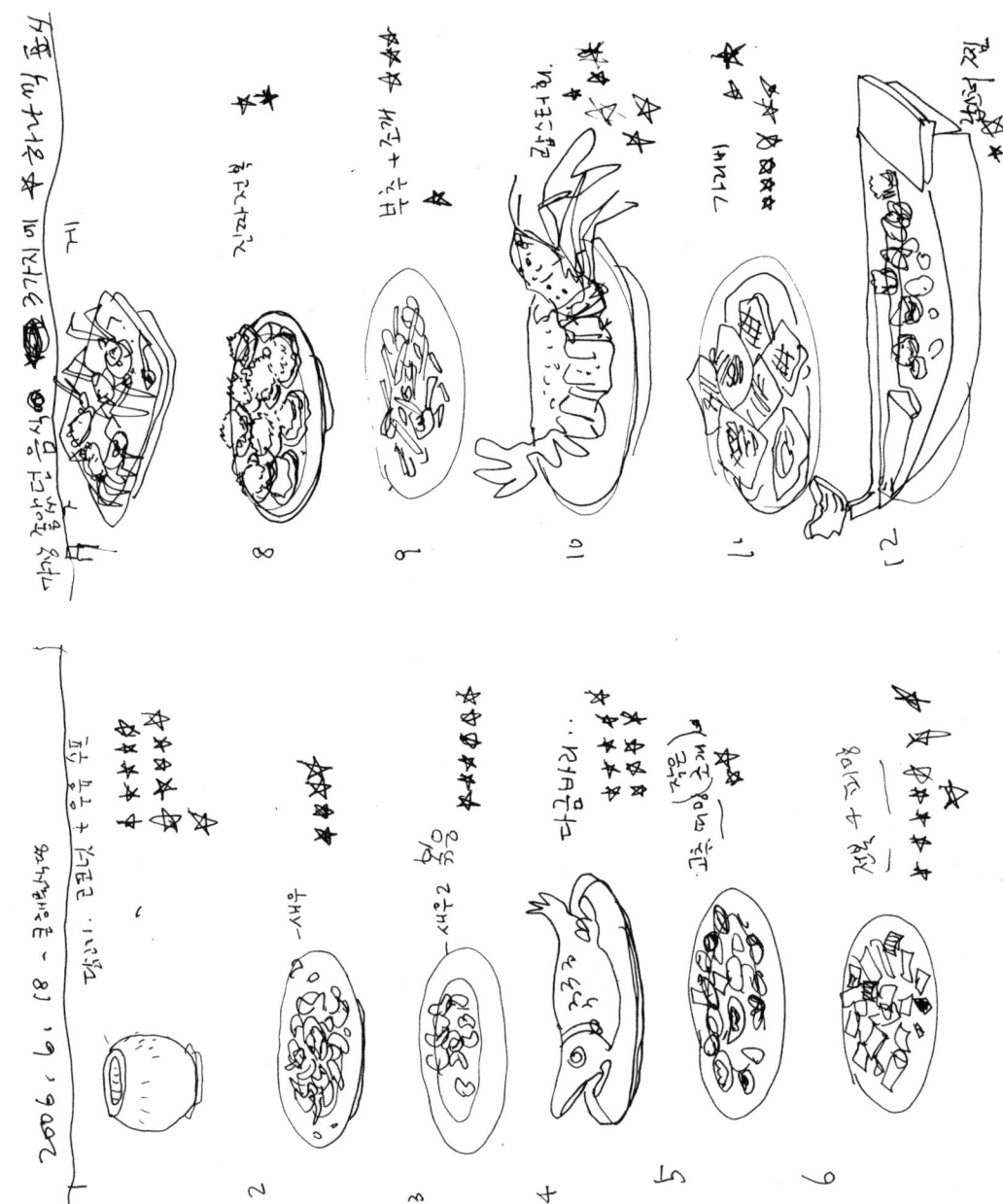

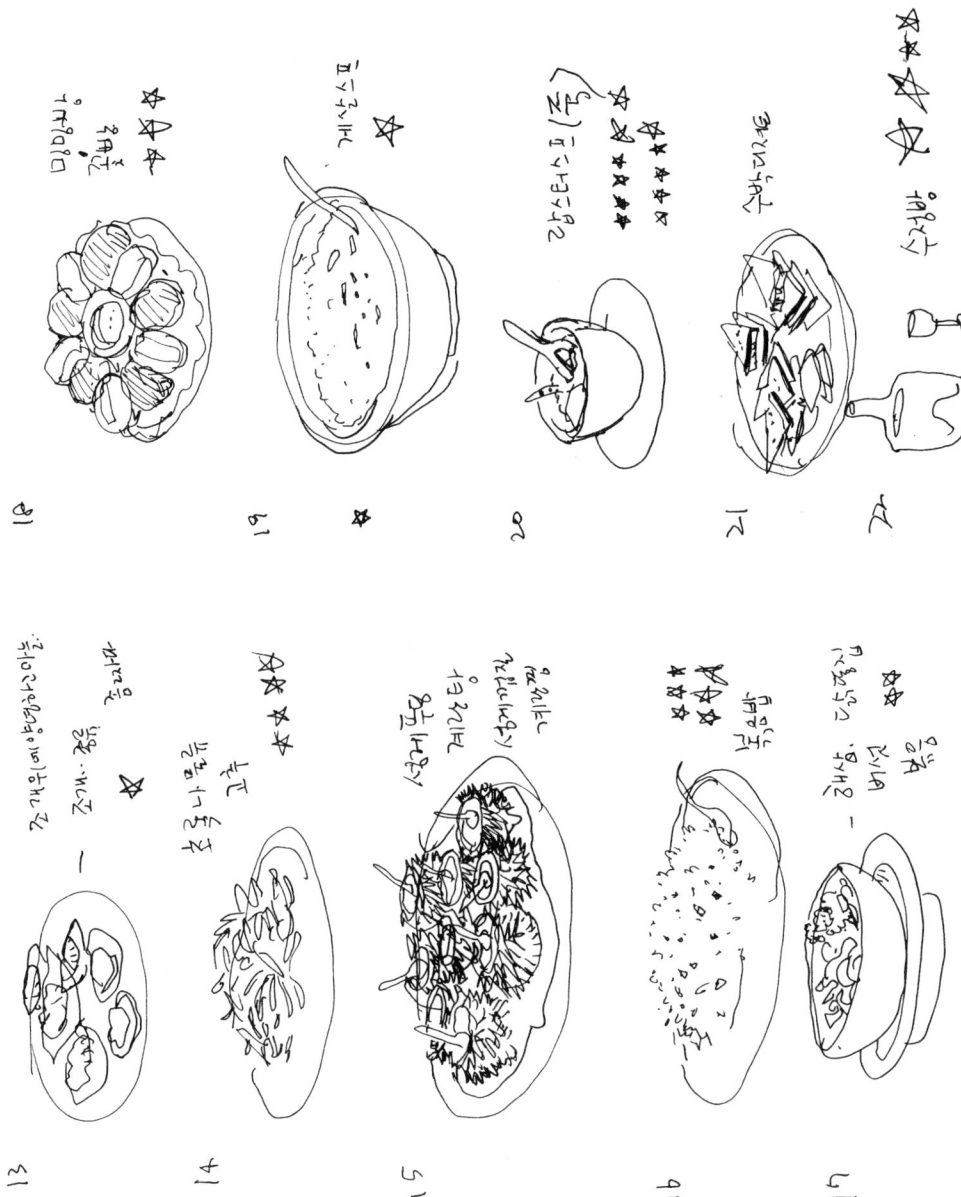

문화가 만든 풍경의 차이,
일본 규슈

일상과 탈일상이 조우하는 곳

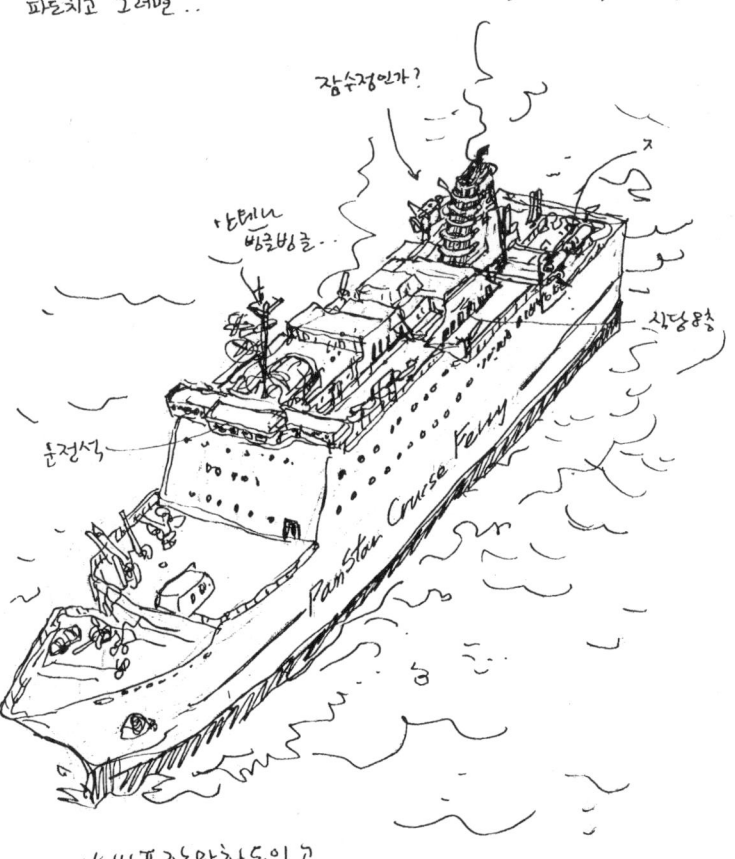

학생들과 수학여행을 떠나기 전까지, 정확히 2005년 겨울에 대련에 가기 전까지 우리는 배라고 하면 한강의 오리배 정도를 생각했다. 좀 더 양보해서, 서해안 섬을 드나드는 여객선 정도. 그런데 나라와 나라를 건너다니는 배의 규모는 상당하다.

중국에 가기 위해서는 인천, 일본에 가기 위해서는 부산이다. 부산국제여객터미널은 제법 여객 터미널 분위기가 난다. 많은 이들이 알뜰 여행을 하기 위해 배를 찾고, 또 보따리 아주머니들은 일상으로 배를 탄다. 그래서 분위기가 확 갈린다.

저 한 무리의 아이들은 우리 학생들. 며칠간 즐겁게 일본에서 보낼 마음으로 들뜬 관광객들. 그리고 저편에 커다란 짐을 줄 세워놓고 있는 아주머니들에게 이곳은 삶. 배를 타도 마찬가지다. 아주머니들은 우선 너른 바닥에 자리를 잡고, 각자 싸 온 음식을 펼쳐놓고 식사 준비를 한다. 배에서 파는 밥을 먹는 우리와 다르다. 척척 보기 좋게 수건을 널고, 잠을 잔다.

하룻밤을 꼬박 달린 배가 오사카항에 도착한다. 아주머니들은 부리나케 짐을 준비한다. 짐의 크기는 상상초월. 커다란 짐을 끌고 내리면 오사카항 앞에 승합차가 대기한다. 한국에서 실어 나른 상추, 고추장 등등 일상용품들을 차에 싣고 떠난다. 아주머니들은 다시 한국으로 돌아온다.

그렇듯 부산국제여객터미널 출국장은 탈일상과 일상이 조우하는 곳이다.

낭만적인 배 타고 일본 가기

짧은 주말을 이용해 밤 비행기를 타고 외국에 나가는 사람들이 많다. 특히 일본은 '밤 도깨비 여행'이라는 이름으로 금요일 밤에 나가서 월요일 아침에 돌아오는 여행 패턴도 큰 인기를 끌고 있다. 평생 외국 한번 나가보는 것이 소원이던 때가 불과 얼마 전인데, 이젠 주말을 이용해 일상적으로 외국에 나갈 수 있는 시대가 된 것이다. 외국 여행이 일상화된 대신 낭만은 사라졌다. 무릇 여행은 낭만이다. 커다란 여행 가방을 들고 대륙 횡단 열차를 타거나 대서양을 건너는 배를 타는 것이 바로 여행의 낭만이다. 대륙 횡단 열차나 크루즈cruise라 불리는 커다란 여객선을 타고 여유 있게 여행을 떠나는 것이 어쩌면 진짜 제대로 된 여행인지도 모르겠다. 앞으로 몇 달 혹은 몇 년간 볼 수 없기 때문에 기차역과 항구에선 슬픈 이별의 장면이 연출되고, 짧게는 몇 주, 길게는 몇 달간 함께하기 때문에 기차나 배에서 새로운 사랑이 펼쳐지기도 한다. 아마 남북한 철도가 연결되어 이 철도가 유럽 대륙까지 이어지면 대륙 횡단 기차 여행이 가능해질 것이다. 거대한 고급 유람선을 타고 도는 세계 여행은 가격이 엄청나 엄두도 못 낼 상황이니 우리가 선택할 수 있는 것은 바로 '배 타고 일본 가기'다.

사실 학생들을 데리고 배를 타고 여행을 다녀온 적이 있다. 인천에서 배를 타고 대련으로 간 것이 처음 배를 타고 나간 해외여행이다. 갈 때는 그리 시간도 오래 걸리지 않고 처음 해보는 배 여행이 즐겁기만 했다. 그런데 돌아올 때 그만 집채만 한 파도와 만나고 말았다. 그 뒤 배라면 고개를 절레절레 흔들게 되었는데, 그림 그리는 최호철 선생이 "일본으로 가는 배는 괜찮으니 걱정 마"라며 강력하게 권유해 오사카행 배에 오르게 되었다. '팬스타'라는 이름으로 취항한 이 배는 2007년 기존 '드림호'에 '써니호'가 더해져 매일 오후 4시 오사카와 부산에서 목적지를 향해 출항한다. 천천히 한일해협을 건너고 나면 일본내해로 들어간다. 부산에서 출발하면 다음 날 아침 세토내해, 아카시해협대교, 고베항 등 멋진 광경을 볼 수 있다. 일본내해는 잔잔한 호수 같은 느낌이어서 배로 여행하기에 썩 괜찮았다.

뭐니 뭐니 해도 배 여행의 매력은 좁은 좌석에서 답답해하는 비행기와 달리 널찍한 공간을 활용할 수 있다는 것. 팬스타에서는 사우나, 식당, 포장마차 등을 운영한다. 일단 배가 출발하면 사우나에 들어가 뜨거운 물에 몸을 담그고 바다를 바라보다가, 차가운 바닷바람을 맞으며 바다를 보고, 밤이 되면 포장마차에서 조개구이 안주에 시원한 맥주를 마시면서 배 여행만의 낭만을 누릴 수 있다. 거기에 날이라도 좋아 커다란 달이 바다를 비추면 '꼭 다시 오고 말 거야'라는 생각이 절로 든다. 아무튼 10월의 어느 날 우리는 팬스타 써니호 포장마차에서 몇 시간을 즐겁게 떠들었다. 이게 바로 여행의 낭만이 아니고 무엇일까.

부산. 국제여객.
1부두
대합실에 있던 아저씨…

일본다운, 너무나 일본다운 규슈

한·일 두 나라는 모두 벚꽃을 좋아하고, 벚꽃 구경 하기를 즐긴다. 그래서 봄이면 어김없이 벚꽃 축제가 벌어지는데, 가만 보면 두 나라 사람들은 각각 다른 벚꽃을 즐긴다. 우리나라에서 즐기는 벚꽃은 봉오리가 오르기 시작해 화려하게 피어오르는 상태이다. 그래서 벚꽃 축제를 구경하기 위해 일기 예보에 민감하다. 바람이 불거나 비가 와 꽃잎이 떨어지면 꽝이 되어버리기 때문. 반면, 일본 사람들은 화려하게 만개한 뒤 흩날리는 벚꽃을 즐긴다. 만개한 벚꽃이 바람에 떨어지는 모습을 좋아하는 것이다. 비슷하지만 다른 이웃. 결국 이런 미세한 차이가 모여 문화의 차이가 되고, 문화의 차이는 풍경의 차이를 만들어낸다.

'일본 미학'이라는 말이 있다. 다양한 논의가 있고, 학자마다 여러 설명을 더하지만 이방인인 우리의 눈으로 볼 때 일본의 모습 자체가 그대로 일본 미학이다. 가을이 서서히 겨울로 넘어가던 날, 두 만화쟁이는 학생들과 함께 후쿠오카를 찾았다. 후쿠오카를 여행지로 결정한 것은 순전히 우리나라에서 가까웠기 때문. 특별히 우리를 끌어당기는 매력이나 꼭 가야 할 곳을 생각해놓지 않은 상태에서 기대 없이 찾은 곳이었다.

그리고 그곳에서 만난 활화산 아소 산阿蘇山. 그 웅장한 모습은 대단했다. 아소 산은 해발 1000미터가 넘는 다섯 개의 산봉우리를 통틀어 부르는 이름으로 정식 명칭은 아소고다케阿蘇五岳인데, 다섯 개의 분화구마다 사실 다른 이름, 다카다케(高岳 1592미터), 나카다케(中岳 1506미터), 에보시다케(烏帽子岳 1337미터), 기지마다케(杵島岳 1326미터), 네코다케(根子岳 1433미터)로 부른다. 버스로 전망대 인근까지 올라가 케이블카를 타면 쉴 새 없이 하얀 연기를 내뿜는 분화구를 볼 수 있다. 은근하게 풍겨나는 유황 냄새, 곳곳에 자리 잡은 대피소, 은근히 겁을 주는 가이드의 말이 어우러지면 현재 진행형 활화산의 다이내믹함을 느낄 수 있다.

멀리 피어오르는 활화산의 기운을 바라보니, 주군을 위해 목숨을 거는 사무라이, 흩날리는 벚꽃처럼 배를 가르는 영화의 장면이 떠올랐다. 아소 산을 뒤로하고 찾은 곳은 구마모토 성熊本城. 구마모토 성은 약 400년 전, 전국 시대의 무장 가토 기요마사加藤淸正가 구마모토를 통치하기 위해 축성한 성이다. 가토 기요마사라고 하면 낯설지만, 한자음 그대로 '가등청정'이라고 읽으면 익숙하다. 바로 임진왜란 때 조선을 침략했다가 깨진 바로 그 장군. 적의 공격에 대비한 120개의 우물과 조선 성의 장점을 차용한 축조술이 인상적이었지만, 그보다는 거대함 속에 정교하게 쌓아 올린 구마모토 성의 모습 그 자체가 일본, 사무라이를 느낄 수 있는 너무나 일본적인 풍경이었다.

그러나 사실 가장 일본적인 풍경은 활활 불타오르는 아소 산과 전국 시대의 칼바람이 담겨 있는 구마모토 성이 아니라 그 살벌함과 함께 일상을 살았을 일본 사람들의 모습이었다. 지금도 언제 터질지 모르는 아소 산 자락 아래에서 평화롭게 농사를 짓고 소를 키우는 바로 그들의 모습이 가장 일본다운, 너무나 일본다운 모습이었다.

아소 산깔길.. 배고프다.

아소 산 분화구의 칼바람

아소산 분화구..

아소 산 분화구의 느낌은 참 독특하다. 우선 코를 찌르는 유황 냄새가 이곳이 범상치 않은 곳임을 증언한다. 몇몇 아이들은 관심도 없어 했지만, 최호철 선생과 나는 재빨리 저 화산 연기가 피어오르는, 태초의 힘을 내재한 아소 산 분화구를 보고 싶어 했다.

그러나 막상 가서 보니 저 멀리 연기만 끓어오른다. 장대한 스펙터클은 기대 이하다. 그래도 아소 산 분화구까지 오는 길에 만난 화산 지형에 마음을 빼앗겼기 때문에 아소 산에 대한 기억은 아마 멋지게 남을 것이다.

이렇게 생각했건만 최호철 선생의 크로키에는 "배고프다"라는 원초적 욕구가 적혀 있다.

"내가 이래서 최호철 샘을 좋아한다니깐."

내 말에 최호철 선생이 대답한다.

"밥이나 먹으러 가요."

나는 답한다.

"어! 원래 그거 내 대산데!"

숲 속의 집, 하우스텐보스

1995년 12.
(윤흥주씨와) 2월 16일. 후쿠오카 하우스…쫓(

──(하우스텐보스)── · 낫가사키에 있는 네덜란드마을

왜 네덜란드일까.. 순간축소로 알았더니… 그게아니라
그저 네덜란드의 옛 건물모양새만 벌려(놓)을뿐.. ─) 형말 홀랜드사랑.
다시보면 엄청 의아해하는 마음은 이상한 공간…
친밀이 없었다. ─그저휴대만 있을뿐..
사대주의… 외래에따르는 그작사랑 ─.

도대체 이 미묘한, 그래서 철학적 고민까지 하게 만드는 테마파크는 뭐람. 솔직히 연예인 부부를 초청해 신혼여행을 오게 해 한국 TV에 비추고, 한국의 단체 관광객을 모객하는 것 외에 도대체 이 낯선 공간의 영업 전략이 있기는 할까?

하우스텐보스를 한마디로 표현하면 인공적으로 조형된 네덜란드다. 그런데 왜 '네덜란드'를 테마파크로 만든 것일까? 일본은 1542년 표류하던 포르투갈 선박이 나가사키長崎에 정박하며 서양과 교류를 시작하게 된다. 1560년 프랑스의 선교사 성 프란시스 자비에르가 나가사키에 도착해 일본에 기독교가 보급되었고, 오무라 스미타다大村純忠 같은 '기리시탄(기독교)' 다이묘(지방의 권력자)가 나오기도 했다. 그러나 1597년 도요토미 히데요시가 금교령을 내리고, 26명의 기독교인이 처형되었다. 이후 1614년 에도 막부는 공식적으로 기독교를 금지시켰다. 기독교를 금지시킨 에도 막부는 1636년 부채꼴 모양의 인공섬 데지마出島를 만들어 기독교를 전하던 포르투갈 인들을 격리시키고자 했다. 그러나 섬이 완성된 다음 해에 포르투갈 선박의 도항이 금지되었고, 1641년 히라도平戶에 있던 네덜란드 상업관이 데지마로 이전하게 되었다. 17세기 이후에 네덜란드는 에도 막부의 쇄국 정책 아래 유일하게 서양의 문물을 전해주는 관문이 되었다. 그래서 그 시기 서양 학문을 아예 네덜란드의 학문, 즉 난학이라 부르기도 했다.

하우스텐보스Huis Ten Bosch는 네덜란드 어로 '숲 속의 집'을 뜻하는데, 152헥타르에 달하는 거대한 공간에 17세기 네덜란드를 재현한 거리와 꽃이 만발한 정원, 다섯 개의 호텔(호텔 유럽, 호텔 덴하그, 호텔 암스테르담, 포레스트 빌라와 영빈관)과 5킬로미터에 달하는 운하를 자랑한다. 자랑'만' 한다.

안녕! 울릉도와 독도

울릉도

독도

목포 - 울릉. (한겨레호)

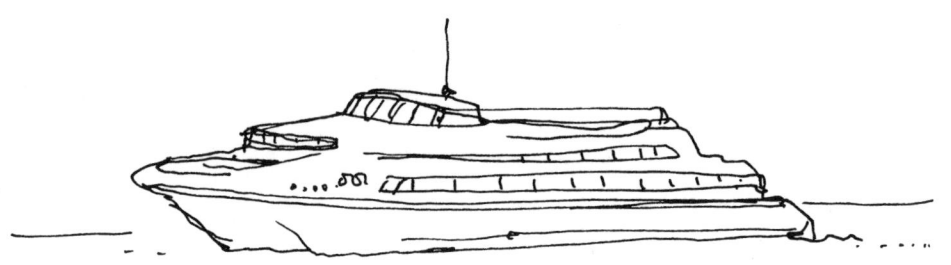

속력 41 노트.
정원: 445명
RCS. (멸미완화장치장착)

	우등석	1등석	단체
일반	49,500	45,000	40,500
중고	44,550	40,500	36,500
소아	24,750	22,500	
65세	39,600	36,000	

목포출발. 10:00 → 17:30.
울릉출발. 17:30 — 2시간 반 소모.

울렁울렁 울릉도와
홀로 섬 독도

묵호항에서 쾌속선을 타고 2시간 30분을 들어가야 하는 울릉도. 일 년 전쯤, 배를 이용해 중국 대련에 다녀오다 1미터가 넘는 파도를 온몸으로 경험한 이후 배 여행이라면 고개를 절레절레 흔들고 꼬리를 빼는 두 만화쟁이에게 울릉도 여행은 나름대로 쉽지 않은 결정이었다. 그다지 선택의 여지가 없는 꼭 가야만 하는 여행이었기에 즐겁게 따라 나섰지만.

울릉도에는 시속 80킬로미터가 넘는 쾌속선이 취항 중인데, 강원도 동해시 묵호항과 경북 포항에서 각각 출발한다. 쾌속선은 보통 배와 달리 아랫부분에 빈 공간이 있는 날렵한 스타일인데, 다만 버스처럼 배 안에서 여행을 해야만 하는 단점이 있다. 뱃머리에 나가 바닷바람을 맞으며 즐거워하는 배 여행 특유의 낭만은 속도와 안전을 위해 포기해야 한다. 날렵하게 생긴 쾌속선 '한겨레호'를 타고 지정된 좌석에 앉았다. 강한 척하기 위해 멀미약을 먹지도 붙이지도 않았는데, 두 만화쟁이 중 글쟁이는 단 30분 만에 배 특유의 진동에 굴복하고 말았다. 반면, 버스 여행을 유난히 좋아하는 그림쟁이는 "뭐 좌석버스 정도구만"이라며 그림을 그리는 여유를 부렸다. 울릉도에 대한 인상이 극명하게 갈리는 초입이었다.

섬으로 들어가기는 힘들지만(사람에 따라 전혀 힘들어하지 않는 경우도 많다) 울릉도는 무척 매력적인 공간이었다. 깊어서 마치 검은색 잉크를 풀어놓은 것 같은 바다에 우뚝 솟은 울릉도는 오래전 지구의 지각 활동이 빚어낸 걸작이다. 그냥 바다에서 쑥 뽑아 올린 것 같은 모습은 섬을 하나의 산처럼 보이게 했다. 울릉도에 들어오는 사람이라면 누구나 거쳐야 하는 관문이자 울릉도의 중심지인 도동은 좁은 골짜기에 자리 잡은 매력적인 마을이었다. 겨우 차 두 대가 교행하는 구불구불한 도로에 한 뼘의 틈도 없이 다닥다닥 붙어 있는 건물들의 모습은 우리나라 어디에서도 볼 수 없는 울릉도만의 풍광이었다. 다만, 아쉬운 것은 늘어선 건물의 디자인이었다. 간판 하나, 건물의 색상 하나에 따라 첫인상과 분위기가 달라질 수 있는데, 울릉도다운 특징을 찾아볼 수 없는 건물의 모습은 전체적으로 조화롭지 못했다. 예를 들어 지중해 연안 마을에서 볼 수 있는, 푸른 바다와 하얀색 집이 어우러진 독특한 풍광이 그대로 그 지중해의 아이덴티티를 보여준다는 점을 생각해보면, 가장 멋지게 울릉도의 아이덴티티를 보여줄 수 있는 초입 도동의 조악한 디자인은 정말 아쉬울 뿐이었다.

울릉도는 바다에서 그대로 솟아오른 섬이어서(울릉도가 솟아올랐는지, 바다가 꺼졌는지 정확한 지식은 없지만) 안락하게 펼쳐진 고운 모래 해변은 없다. 대신 깎아지른 다양한 모양의 절벽과 바위들이 섬 전체에 산재해 있다. 이를 즐길 수 있는 가장 좋은 방법은 섬을 일주하는 유람선을 타는 것. 약 2시간이 소요되는 유람선을 타면 다양한 모양의 바위(곰바위, 코끼리바위 등 주로 동물 모양의 바위)와 새들만 살고 있는 절벽 등을 멋지게 관람할 수 있다. 다만, 새우깡 몇 조각을 먹기 위해 죽기 살기로 배를 따라오는 갈매기들과 2시간 내내 동행해야 하며, 듣기 싫어도 가끔 선장님이 틀어주는 트로트풍 메들리를 들어야 하지만….

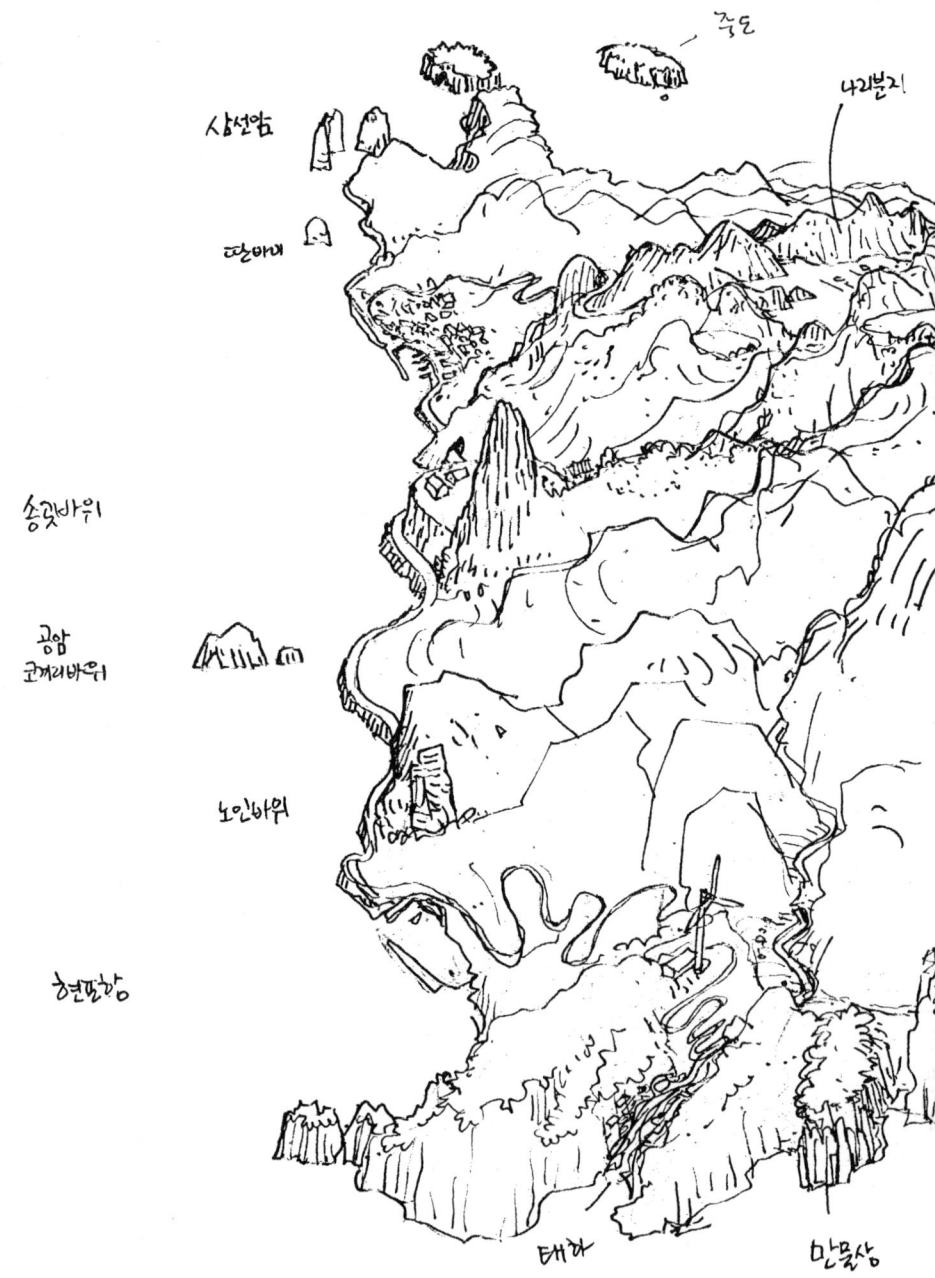

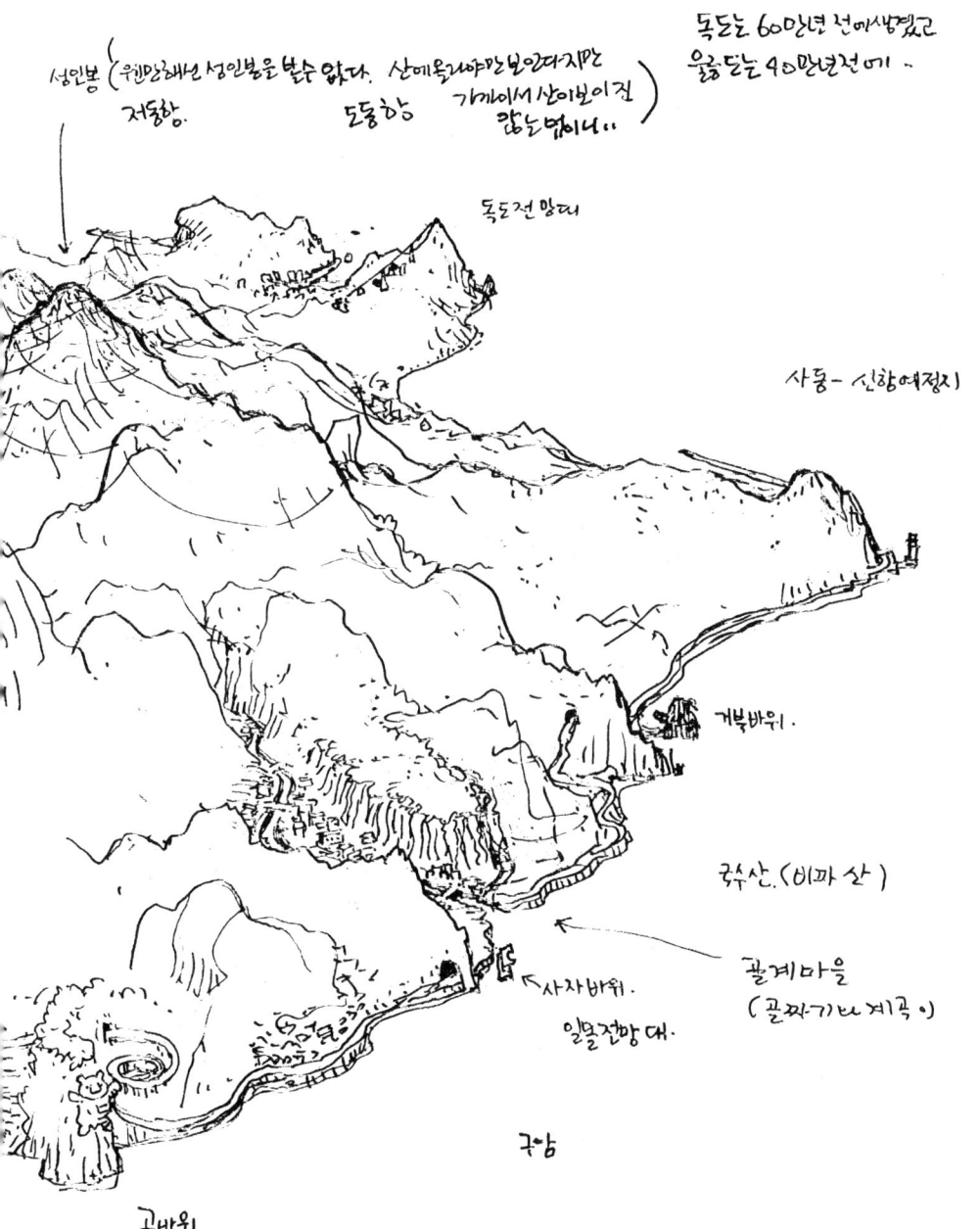

도동항 노점할머니… 주로, 나물류를 팔고 있다

동해 일기

울릉도의 기사 아저씨들은 모두 관광 가이드다. 가이사(가이드+기사) 아저씨들은 사람들이 차를 타면 울릉도의 특성과 특산물 등에 대해 강의를 했고, 은근히 팁을 바랐다. 가이사 아저씨들의 레퍼토리 중 공통된 것은 좋았던 시절에 대한 이야기. 오징어잡이가 좋았던 시절, 섬에는 돈이 넘쳤단다. 또 남자들이 배를 타고 나가면, 여자들은 한데 모여 유흥을 즐겼다는데…. 반쯤 농이고 반쯤 진실인 울릉도 가이드를 들으며 깎아지른 섬을 감싸 도는 (한 부분이 연결되지 않아 다시 되돌아와야 하지만) 섬 일주 도로를 돌았다.

이 매력적인 도로는 유람선에서 본 섬의 외관과 다른 풍광을 보여준다. 골짜기마다 산나물이 난 모습이나, 작은 포구에 매어 있는 배, 그리고 기이한 모습으로 암벽에 뿌리를 내린 솔송나무의 모습은 그대로 울릉도에 살고 있는 사람들의 모습과 겹쳐졌다. 더 매력적인 것은 굳은 용암바위에 매달린 섬괴불나무, 섬제비쑥와 같은 자생식물 군집이다. 깎아지른 절벽에 매달려 섬을 지키고 있는 그 모습이 아주 오래전 섬으로 이주해 바다와 함께 살아온 울릉도의 조상들을 보는 기분이었다. 울릉도는 제주도나 사이판, 괌과 같은 멋들어진 섬 휴양지가 아니다. 앞에서 말했듯 섬 전체가 화산작용으로 솟아올랐기 때문에 고운 모래사장을 찾아보기 힘들다. 바다는 대부분 바위로 이루어져 있다. 그래서 남성적이고 장엄하다. 솟아오른 바위에 철썩이는 파도는 그대로 한 편의 시를 떠올린다.

부끄러워라

저 바다를 보면

거대한 세계가 결코 흩어지지 않는 것을 보면

모여서 숨죽이고, 함께 흐느끼고

같이 일었거는 것을 보면

내 가슴의 바다는 또렷이 철썩이며

깨어지고 부서진 그 모습으로 부끄러워라

동해바다여

- 나해철 '동해일기 4' 중

물론 울릉도에 평지가 전혀 없는 건 아니다. 꼬불꼬불 길을 돌아 올라가면, 아무것도 없을 것 같은 산속에 신기하게도 넓은 평지가 펼쳐진다. 분화구가 터졌던 자리. 나리분지다. 동서 길이 약 1.5킬로미터, 남북 길이 2킬로미터에 달하는 넓은 평지지만, 산속 분화구여서 그런지 적막하고 고요하고 답답하다. 바닷가 절벽의 넘치는 기상이 더 시원했다.

울릉도 여행 하면 독도를 빼놓을 수 없다. 우리도 다른 일행들과 함께 독도로 가는 배에 올랐다. 동쪽 끝 홀로 있는 섬 독도를 찾는다는 설렘에 배를 탔지만, 이런. 여기는 그야말로 망망대해 동해가 아니던가. 그래도 제일 편안하다는 쾌속선이었지만, 속은 계속 울렁울렁. 왜 울렁울렁 울릉도인가 했더니, 바로 이 때문이구나. 연신 멀미약을 먹고 파김치가 되어 좌석에 엎드려 있으니 방송이 들린다. 독도에 접안해보겠다는 내용.

'그래도 내가 운은 따르는구나'라고 생각하며 흔들리는 배에 몸을 맡겼다.

그런데 몇 명만 내리고 나서 접안 실패. 우리는 뱃머리에 나와 독도를 감상할 수밖에 없었다. 그럼에도 망망한 바다에 홀로 서 있는 섬은 이상한 경외감을 불러일으켰다. 검푸른 바다는 홀로 있는 섬을 껴안고 있었고, 출렁이며 그 섬을 위로하고 있었다. 왠지 마음이 뜨거워졌다. '역시 오기를 잘했어'라고 생각하는 순간, 배는 다시 울릉도로 떠나고 나는 다시 멀미에 시달려야 했다. 그렇게 멀미로 시작한 여행은 멀미로 끝을 맺었다. 아무튼 울릉도와 독도 안녕! 잘 있어!

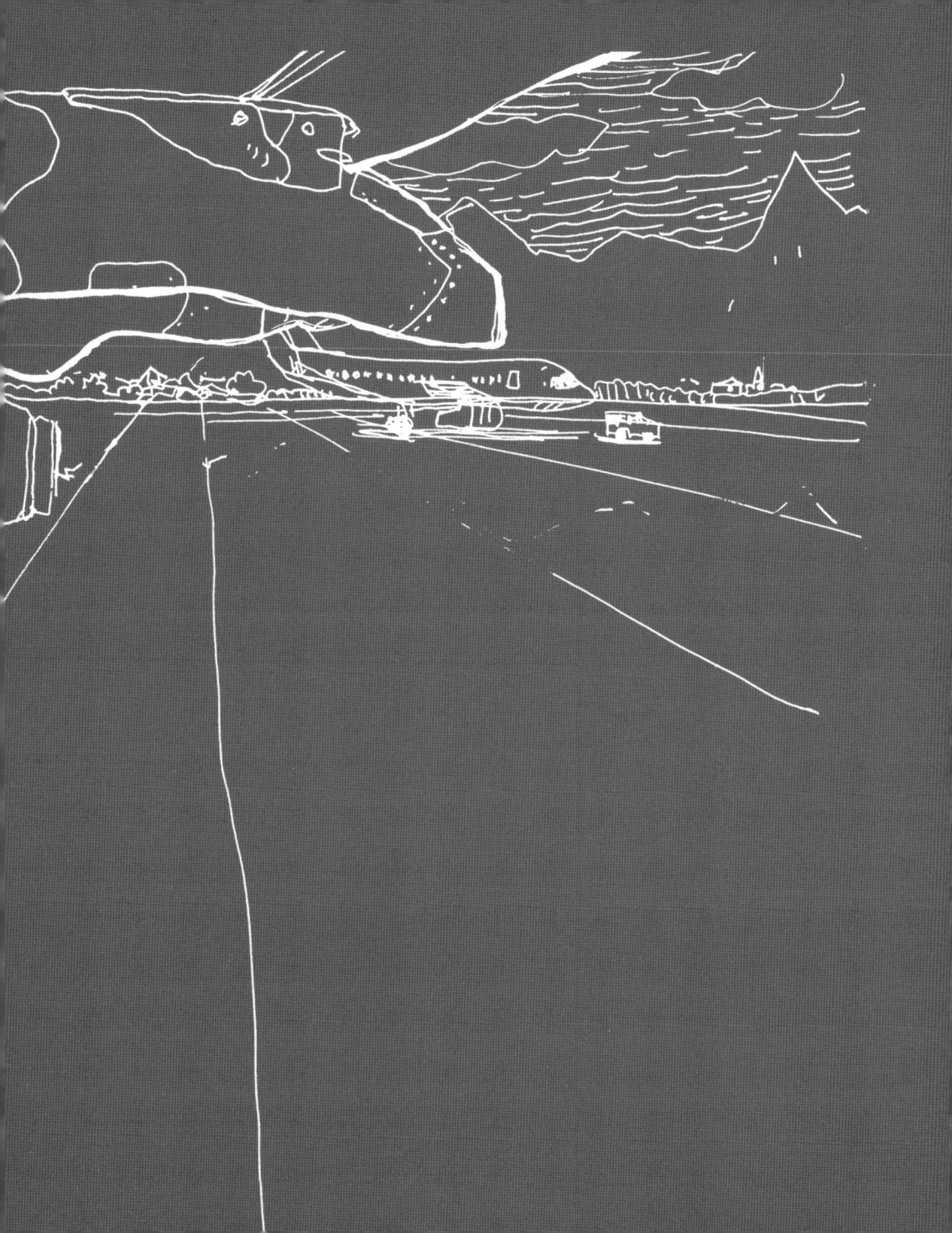

이 책을
쓰고 그리게 된 계기에 대해
말하자면

최호철 선생과 나는 같은 직장(청강문화산업대학)에 다닌다. 둘 다 만화창작과 선생이다. 사람들을 만나 "학교에서 만화를 가르치고 있습니다"라고 말하면 꽤나 흥미로운 눈으로 바라본다. 마치 황제펭귄처럼. 낯설지는 않으나 내 주변에서 마주칠 때 경험하는 신기한 느낌이 드는 모양이다. 어쨌든 우리는 5월마다 찾아오는 불량 만화 화형식의 주홍글씨를 가슴에 새기지 않은 만화인들이다. 최호철 선생은 화가였다가 만화를 붙들었고, 나는 글쟁이였다가 만화를 붙들었다. 더 정확히 우리 둘은 모두 만화에 붙들린 사람들이다.

만화에 붙들린 사람들은 세계를 바라볼 때 만화적으로 본다. 일단 빈 종이가 있으면 무조건 그리고, 조금이라도 분위기가 추락하면 농담을 날리고 싶다. 전자가 최호철 선생. 후자가 나다. 하지만 둘 다 천성이 숫기가 많은 사람들은 아니다. 은근 부끄럼쟁이들. 그래서 낯선 이들하고 떠들고 노는 것보다, 친한 이들과 수다 떠는 것이 좋다. 그래서인지 청강문화산업대학 만화창작과 선생들은 보통 직장인들과 달리 사우나 아줌마 분위기를 풍긴다.

그 때문에 여행에 대한 기억이 꽤 많다. 최호철 선생은 여행지마다 그림을 그렸고, 난 최호철 선생의 화집을 뒤적이며 농담을 던진다. 그러던 어느 날. 학교에서 월간 무가지 〈백도씨〉를 기획할 때였다.

"우리 여행 간 거 내가 글 쓰고, 선생님이 그림 그려보세요."

"만화? 나 마감 잘 못하는 거 알잖아?"

일단, 방어막을 친다. 역시, 공력이 대단하다.

"그냥 한 쪽짜리 그림을 그리자고요. 한 쪽짜리 만화. 그게 최호철 스타일이잖아!"

나도 다시 공격한다. 왠지 느낌이 낚은 것 같다.

"한 페이지…."

"한 페이지에 되도록 많은 이야기를 담는 게 최호철 스타일 아닌가?"

낚았다. 파닥파닥!

그렇게 해서 〈백도씨〉에 '두 만화쟁이의 여행 이야기'라는 제목으로 연재를 시작했다. 내가 낚은 죄로 글을 썼고, 최호철 선생의 애간장 다 태우는 마감에 동참했다. 몇 번 빼먹은 적도 있지만, 한 스무 번쯤 마감을 했다.

그리고 시간이 지났다. 우리가 한때 사슴굴이라고 불렀던 최호철 선생의 개성 넘치는 연구실 소파에 앉아 뒹굴면서 이야기를 하다 한번 책으로 묶어보자는 생각이 번득였다. 최호철 선생은 낙서라고 하지만, 그냥 묵히기 아까운 그림이 많은 그의 크로키 북이 생각났다.

"〈백도씨〉에 연재한 만화하고, 그와 연관된 크로키를 모아서 책으로 묶어봅시다."

"재미있을까?"

"재미없으면 사람들이 만날 선생님 크로키 북 달라고 해서 보겠어요."

"너무 성의 없게 그렸잖아."

"성의 있게 그리면 마감 못하잖아요."

"…."

"또 그냥 그 시간에, 여행지에서 그린 그림이 난 좋던데."

"그럽시다."

그렇게 시작된 작업이다. 그림을 모으고, 글을 고쳐 썼다. 최대한 여행지의 느낌을 사람들이 느껴주길 원했다. 여행에는 휴식과 수다가 공존한다. 혼자 가는 여행을 좋아하는 이들도 있지만, 난 함께 수다 떨 수 있는 사람과 가는 여행이 좋다. 서로 말도 안 되는 지식을 공유하고, 느낌을 나누는 여